HORST W. OPASCHOWSKI

Kathedralen des 21. Jahrhunderts. Erlebniswelten im Zeitalter der Eventkultur

HORST W. OPASCHOWSKI

Erlebniswelten im
Zeitalter der Eventkultur

Kathedralen
des 21. Jahrhunderts

Eine Edition der
B.A.T. Freizeit-Forschungsinstitut GmbH
Hamburg 2000

CIP-Kurztitelaufnahme der Deutschen Bibliothek
Opaschowski, Horst W.
Kathedralen des 21. Jahrhunderts
Erlebniswelten im Zeitalter der Eventkultur/Horst W. Opaschowski.
[Hrsg. B.A.T. Freizeit-Forschungsinstitut GmbH]

1. Auflage, Hamburg: Germa Press, 2000
ISBN 3-924865-32-9

Herausgeber:
B.A.T. Freizeit-Forschungsinstitut GmbH

Lektorat:
Germa Press Verlag
Martina Nehls

Titelgestaltung und Layout:
Andreas Beling

Satz:
Dieter Geib Desktop Publishing, Hamburg

Druck:
Clausen & Bosse, Leck

© Copyright by
B.A.T. Freizeit-Forschungsinstitut GmbH
1. Auflage, Hamburg, 2000

INHALT

TEIL 3

WO IST AM MEISTEN LOS?

ERLEBNISWELTEN IM AUFWIND

TEIL 4

EXPO 2000 ALS MEGA-EVENT.

EIN FALLBEISPIEL

TEIL 5

WALLFAHRTEN INS 21. JAHRHUNDERT.
KONSUMTEMPEL FÜR ERLEBNISHUNGRIGE

DATEN-DOKUMENTATION

„Früher waren Religion und Kirche für Heilsversprechen und Paradiesvorstellungen zuständig. Heute und in Zukunft sorgt eine mächtige Freizeitindustrie für Glücksversprechungen, Traumwelten und künstliche Paradiese."
Horst W. Opaschowski:
Vortrag in der Thomas-Morus-Akademie Bensberg (1995)

WETTLAUF DER ERLEBNISWELTEN

Am 8. Februar 1972 berichtete die „Los Angeles Times" über den Beschluss der örtlichen Stadtverwaltung, auf dem Mittelstreifen einer Hauptverkehrsstraße rund tausend Plastikbäume aufzustellen, da nach dem Ausbau der Kanalisation nur noch eine zentimeterdünne Erdschicht übriggeblieben war. Als nach Beginn der Pflanzaktion unbekannte Täter begannen, die Bäume mutwillig zu zerstören, sah man schließlich von der weiteren Bepflanzung ab.

Ein Jahr später erschien im Wissenschaftsjournal Science unter der Überschrift „What's Wrong with Plastic Trees?" der wissenschaftliche Nachweis, dass das verbreitete *Bedürfnis nach einer natürlichen Umwelt „phylo- und ontogenetisch erlernt"* sei – also durch bewusst gesteuerte Umlernprogramme auch auf künstliche Umwelten gelenkt werden könnte. Kann es in Zukunft ein „neues" Bedürfnis nach künstlichen Erlebniswelten geben?

Die Zukunft hat längst begonnen. 1923 ließ der US-Produzent und Regisseur Cecil B. de Mille für seinen monumentalen Bibelfilm „Die 10 Gebote" die alte ägyptische Stadt Karnak errichten. Diese Filmkulisse weist inzwischen mehr Besucher auf als die echte Tempelstadt in Ägypten. Und in Paris strömen mehr Besucher zu Mickey Mouse nach Eurodisney als zu den traditionellen Kulturattraktionen der Metropole. In dem Freizeitpark werden mehr Besucher gezählt als am bisherigen Touristenmagneten Notre Dame und gar im Louvre.

Ein Wettlauf der Erlebniswelten hat begonnen. Allein in Deutschland gibt es 60 Freizeit- und Erlebnisparks, 8.800 Ausstellungen und mehr als 10.000

Volksfeste – vom Winzerfest an der südlichen Weinstraße bis zur Love Parade in Berlin. Das Motto der Deutschen Zentrale für Tourismus (DZT) lautete bisher: „Deutschland ist nicht Hollywood – Hier ist alles echt!"

Gilt das auch nach der Jahrtausendwende noch? Der Autokonzern VW hat für rund eine Milliarde Mark eine neue Erlebnisstadt in einer Mischung aus Freizeitpark, Luxushotel („Ritz Carlton") und Verkaufsshow errichtet. Darüber hinaus breiten sich „Urban Entertainment Center" in den Zentren der großen Städte aus. Und nach dem CentrO in Oberhausen und der „Movie World" in Bottrop sind das „Ufo" in Dortmund, der „Space Park" in Bremen und der „Ocean Park" in Bremerhaven geplant. Findet in diesen neuen Kathedralen des 21. Jahrhunderts der Himmel bereits auf Erden statt?

Horst W. Opaschowski

Kathedrale
St. Paul's

Erlebniswelt
Shopping

9

WAS MÜSSEN WIR ALLES NOCH ERLEBEN?
AUFBRUCH IN DAS ZEITALTER DER EVENTKULTUR

„Nicht wer am ältesten wird,
hat am längsten gelebt,
sondern wer am stärksten erlebt hat."
JEAN-JACQUES ROUSSEAU (1762)

1. REPRODUKTIONSKULTUR: DIE KRISE DES ORIGINALS

Nach einer alten finnischen Legende gab es einmal zwei Steinmetze. Beide arbeiteten an kubischen Blöcken aus Granit. Im Vorbeigehen fragte sie ein Passant, was sie da tun. „Ich haue diesen Granit zu Würfeln zurecht", sagte der eine Steinmetz völlig erschöpft. Der andere hingegen antwortete mit vor Eifer glühenden Wangen: *„Ich arbeite am Bau einer Kathedrale mit."*

An diese Worte fühlt man sich erinnert anlässlich der Grundsteinlegung für den Bau einer gläsernen VW-Fabrik in Dresden mit Kino, Restaurants, Galerie- und Ausstellungsräumen, in denen der Autokauf als Kulturevent inszeniert wird: *„Wir bauen den Zwinger des 21. Jahrhunderts"* umschrieb der Architekt Günter Henn sein Auftragswerk. Weltweit werden derzeit säkularisierte Wallfahrtsorte geschaffen. Und die Architekten feiern sich selbst als Weltenschöpfer. Sie schaffen neue Erlebniswelten als Ersatzparadiese für moderne Pilgerreisende: den Opel-Park in Rüsselsheim, die VW-Erlebnisstadt in Wolfsburg oder den Millennium-Dome in London.

Der von Königin und Premierminister Silvester 1999 eröffnete Millennium Dome soll z. B. ein Ort sein, „wo das Millennium beginnt" (Tony Blair). Natürlich gigantisch wie ein überdimensionales Ufo – nach dem Kennedy-Weltraumzentrum und der Boeing-Flugzeughalle in Seattle die größte Konstruktion der Welt. Wird Gigantismus zur Zukunftsformel des 21. Jahrhunderts? Werden die neuen Erlebniswelten zum Synonym für Shoppertainment in Mega-Malls?

An der Schwelle zum dritten Jahrtausend „müssen" sich Forschung, Wirtschaft und Politik mit Anspruch, Wirklichkeit und Wirkungen der neuen Er-

TEIL 1:

lebniswelten auseinandersetzen. Dabei ist die verständliche Frage *„Was will der Konsument eigentlich? Kultur oder Kulisse? Wirklichkeit oder Illusionen"* falsch gestellt. Die Erlebniskonsumenten von heute wollen perfekte Illusionen und sind auch mit Scheinwelten zufrieden, wenn sie die Wirklichkeit übertreffen.

Computerwissenschaftler gehen davon aus, dass im späten 21. Jahrhundert die reale Welt „dank nanotechnischer Schwärme" (Kurzweil 1999, S. 230) viele Eigenschaften der virtuellen Welt annehmen wird. In der *virtuellen Realität* wird man mit einem Liebhaber oder einer simulierten Partnerin auditiv und visuell zusammensein können. Der virtuelle Sex soll dann in mancher Hinsicht besser, auf jeden Fall sicherer sein ... Werden die Grenzen zwischen real und virtuell immer fließender?

Eine neue Generation wächst heran, die gelernt hat, *in virtuellen Welten zu leben:* Sie kann „virtuelle Ozeane befahren, virtuelle Rätsel lösen und virtuelle Wolkenkratzer entwerfen" (Turkle 1998, S. 9). Sie kann aber auch virtuelle Partnerschaften und virtuelle Gemeinschaften aufbauen, ohne sie je real zu Gesicht bekommen zu haben. Kommt eine *Kultur der Simulation* auf uns zu, ein Leben in der Reproduktionskultur?

Seit der Erfindung der Fotografie vor über hundert Jahren gibt es eine *Krise des Originals.* Original. Kopie. Klon: Die nächsten Schritte sind bereits vorgezeichnet. Am Ende kopiert und klont der Mensch sich selbst (Weibel 1999, S. 29). Die Grenzen zwischen Illusion und Wirklichkeit sind fließend geworden. Der amerikanische Kreuzfahrtveranstalter ROYAL CARIBIC hat auf der unbewohnten karibischen Insel *Coco Cay* eine Erlebniswelt geschaffen, die echt und künstlich zugleich ist. Alles, was sich Touristen unter Karibik vorstellen und erträumen, wurde hier arrangiert: Ein weißer Sandstrand wurde gestaltet, Palmen angepflanzt, karibik-typische Holzhäuser errichtet sowie ein „historisches" Schiff und ein Flugzeugwrack für Taucher im Wasser versenkt. Wenn ein Kreuzfahrtschiff andockt, kommen für einen Tag „echte" Bewohner von den Nachbarinseln herbei ...

Eine neue Generation wächst heran, die mit postmodernen Schein- und Erlebniswelten zu leben weiß wie z. B.
- Festzüge und Tausendjahrfeiern,
- Weihnachts- und Krämermärkte,

- Themenrestaurants und Freizeitparks,
- Showprogramme und Shopping Malls,
- Freilichtmuseen und Weltausstellungen.

Die Inszenierung solcher Scheinwelten gehört zum Alltag des 21. Jahrhunderts. Ob nun *Arbeitsweltinszenierungen* im Museum oder *Freizeitweltinszenierungen* im PC, im Kino oder im Vergnügungspark: die Grenzen zu Show oder Spektakel, Entertainment oder Theater werden immer fließender. Fast alles wird zum Erlebnisthema gemacht. Wir leben zunehmend in einer „themed world". Die Hohe Kultur wandelt sich zur „public culture" (Bormann 1998, S. 55). Und immer mehr Firmen nennen sich „Magic".

In der Retortenwelt von Disneyland sehen die Kopien wie die Wirklichkeit aus. Die Kunstwelt ist fast wie das wirkliche Leben und übertrifft es nicht selten. Wer hat schon Zeit und Geld, Lust und Geduld, echte Krokodile in Gambia zu beobachten? Der Krokodilroboter von Disney rollt jederzeit mit den Augen, kriecht auf allen vieren, verschwindet unter der Wasseroberfläche und taucht wieder auf. Das Disney-Krokodil fesselt unsere Aufmerksamkeit. Das echte Krokodil hingegen döst ständig vor sich hin. *Die Imitation ist faszinierender als das Original.* Die Psychologin Turkle nennt dies den „Artificial-Crocodile-Effect" (Turkle 1998, S. 385). Tiere in freier Wildbahn verhalten sich nicht so bühnengerecht.

Geklont? Goethes Gartenhaus an der Ilm als Kopie

Droht uns in Zukunft eine Entwertung unmittelbarer Naturerfahrungen? Kann es sein, dass Kinder dann weniger Interesse an den wirklichen, d. h. auch nicht so schnelllebigen Naturerlebnissen zeigen, weil sie mit der „Spannung" der simulierten Natur nicht mithalten können? Die Natur hält wenig von schnellen Schnitten und raschen Szenenwechseln.

Lösen virtuelle Erlebniswelten immer mehr wirkliche Wirklichkeiten ab? Im Goethe-Jahr 1999 wurde Goethes Gartenhaus im Park an der Ilm wegen der Besucherströme als exakte Kopie nachgebaut: Das Original-Haus wurde zum Copy-Center. Die Kopie hat inzwischen mehr Besucher als das Original. Sie wurde respektvoll als *„Goethes zweites Gartenhaus"* bezeichnet. Andere wiederum meinten, es sei doch nicht weit vom Gartenhaus zur „Gartenlaube". Authentische Gemütlichkeit würde nur museal reproduziert. Andererseits: Gerade das Duplikat „McGoethe" regt zum Nachdenken an. Die Verdoppelung bewirkt, dass plötzlich beide künstlich erscheinen. Was ist denn an dem Original noch authentisch? (vgl. Haufe 1999):

- 1778 wurden im Obergeschoss zwei Fenster zugemauert, um sich besser gegen Kälte zu schützen.
- 1799 wurde der Flussgraben zugeschüttet, in dem der fast Achtundzwanzig-jährige das Schwimmen gelernt hatte.
- Nach Goethes Tod wurde ein Teil des Hausgerätes per Auktion billig ver-schleudert.
- 1851 sah man in dem baufälligen Haus nur noch nackte Wände.
- Den Rest besorgten die Sprengbomben von 1945.
- Mit der Restaurierung in den sechziger und siebziger Jahren kamen museale Zutaten hinzu wie z. B. Gardinen, die Goethe gar nicht kannte.

Also: Original muss nicht authentisch heißen.

Die Unterscheidung von Original und Duplikat wird im *Zeitalter virtueller Realitäten* immer fragwürdiger. Das Authentische lebt dann nur als emotio-nales Erlebnis weiter: „Hier geht noch der Atem des Dichters, hier kann ich noch berühren, was seine Hand berührt hat" (Engell 1999, S. 19). Der subjektiven Einbildung des Besuchers sind keine Grenzen gesetzt: Könnte der Dichter nicht gerade im Morgenmantel um die Zimmerecke kommen? Aber gerade dies ließe sich mit Mitteln der elektronischen Medien perfekt simulieren. Was wäre dann noch echt: Die Einbildung oder die Illusionierung? Und welchen Wert hat die „Rekonstruktion" bzw. der Wiederaufbau des Berliner Schlosses aus denkmalpfle-gerischer Sicht? Wird das „Neue Schloss" erst dann wieder ein Denkmal, wenn hundert Jahre vergangen sind – so wie der Kölner Dom ein weitgehender Neubau des 19. Jahrhunderts ist?

Die „unstillbare Sehnsucht nach Echtheit" (Hennig 1997, S. 169), die *Sehnsucht nach authentischen Erlebnissen* wird umso größer, je mehr sich künstliche Erlebniswelten ausbreiten. Der Erlebniskonsument ist dabei nicht konsequent:

- Einerseits ist der Erlebniskonsument fasziniert und begeistert von den neuen Illusionswelten mit fiktiven Vulkanausbrüchen, gespielten Seeschlachten und kopierten Pyramiden.
- Andererseits lechzt und sehnt er sich geradezu nach Realem und Originalem, freut sich über jedes echte griechische Fischerdorf, historisch gewachsene Strukturen und Live-Erlebnisse mit Einheimischen.

Das Problem ist nur, dass auch das Echte ohne Inszenierung kaum mehr auskommt und zum Folklorismus zu verkommen droht – zwischen Kulisse, Kostüm und Konsum. Schon spricht man in der Fachwelt von *„inszenierter Authentizität"* bzw. *„staged authenticity"* (Mac Cannell 1973). Erlaubt ist alles, was dem Konsumenten gefällt bzw. er sich unter Authentizität vorstellt.

INSZENIERUNG VON ECHTHEIT
Insel Torcella bei Venedig

„Zwischen dem ersten Boot aus Venedig um elf Uhr morgens und dem letzten, auf dem die gewöhnlichen Touristen um sechs Uhr abends heimkehren, verwandelt sich die ganze Insel in eine Bühne, auf der alle Einheimischen eine Rolle spielen. Junge Männer von Burano, der nächsten Insel, verkleiden sich als Gondolieres und befördern die Touristen auf Sandalen vom Dampfboot ins Dorf ... Alte Frauen mit freundlichen Gesichtern sitzen in den Hauseingängen, verkaufen Postkarten und billigen Schmuck und tun so, als würden sie Point-de-Venise-Spitzen klöppeln. In Wirklichkeit beziehen sie sie auf Kommissionsbasis von Verwandten aus Burano, wo sie von jungen Mädchen angefertigt werden ... Der Priester organisiert seine frommen Prozessionen so, dass sie mit der Ankunft des Dampfbootes zusammenfallen ... Sobald das letzte Schiff abgelegt hat, fällt der Vorhang. Die ‚Gondoliere' legen ihre weißen Leinenjacken und die albernen Strohhüte ab und kehren nach Burano zurück... Auf den Gesichtern der liebenswürdigen alten Frauen verblasst das Lächeln, sie legen die Klöppelkissen beiseite und wenden sich den gewöhnlichen Betätigungen des dörflichen Lebens zu."

Nancy Mitford: Böse Gedanken einer englischen Lady, Reinbek b. Hamburg 1996, S. 96 ff.

Alles wird in Szene gesetzt – bis zur Persiflage und Ironisierung. Die umstrittene TV-Sendung „Big Brother" versteht sich als *„Real Life Soap"* – als Seifenoper vom wirklichen Leben. Die Zeiten von „Reality TV" sind vergessen. Das Fernsehen holt hier nur das nach, was im Bereich von Erlebniskonsum und Entertainment-Shopping, Fremdenverkehr und Städtetourismus schon jahrzehntelang erfolgreich praktiziert wird. Venedig ist ein Freilichtmuseum, Rothenburg ob der Tauber auch. Das „echt Authentische" bzw. intakt Anmutende ist ein Ergebnis systematischer Stadtplanung und Tourismusförderung geworden.

So verschwimmen die Grenzen zwischen echter Kunstwelt und künstlicher Echtwelt (vgl. Drolshagen 1996). Der „Traum von der reinen Ursprünglichkeit" (Hennig 1997, S. 172) ist endgültig ausgeträumt. *Das* Ursprüngliche gibt es nicht mehr, meist handelt es sich um eine idealisierte oder rekonstruierte Historie. Auch der Besuch einer künstlichen Erlebniswelt gleicht einer Zeitreise. Christoph Hennig spricht in diesem Zusammenhang von

- einer *typisierten Fremde* (z. B. orientalischer Basar, karibische Lagune, englischer Pub),
- einer *idealisierten, pittoresken Vergangenheit* (z. B. die „Main Street", die Ranch mit Bauernkarren und Scheune, die Schmiedewerkstatt, die Western-Saloons) und
- einer Welt *phantastischer Technik* (z. B. „Discoveryland" mit Raketen-Karussell, Rundum-Kino, fingiertem Raumflug)

Fast vollziehen Erwachsene dabei eine Rückkehr in die eigene Kindheit.

Im Zeitalter der Eventkultur muss Authentizität nicht zwangsläufig untergehen oder ihre Qualität verlieren. Ganz im Gegenteil: Das „Authentische" muss neu definiert und im kulturellen und sozialen Kontext gesehen und bewertet werden. Aus Künstlichem bzw. zunächst unecht Scheinendem kann eine neue Authentizität entstehen, wenn z. B. die Erlebniswelt „Disneyland" als authentischer *Ausdruck amerikanischer Kulturtradition* gewürdigt wird (vgl. Cohen 1988, S. 380). Im übrigen ist Authentizität auch eine Frage der subjektiven Wahrnehmung. Manche Konsumenten und Besucher geben sich mit nichtauthentischen Erfahrungen durchaus zufrieden (vgl. Pearce 1988). Und wieder andere lassen sich ganz bewusst auf das Spiel mit der Simulation oder

Hyperrealität ein. Sie sind z. B. von Shopping Malls zwischen CentrO Oberhausen und Caesar's Palace in Las Vegas geradezu begeistert, obwohl sie die Künstlichkeit durchschauen.

Der Wiener Aktionskünstler André Heller plädierte im Herbst 1989 auf dem 1. Internationalen Forum für Tourismus für ein sogenanntes Replika-Territorium, das all das beinhaltet, was die touristische Erlebnisindustrie als Köder auswirft: Eine Mischung aus Disneyland und Zisterzienserkloster, McDonalds und Club Méditerranée, Kreml und Vatikan – und dazwischen zaghaft aktive Vulkane neben elektronisch gesteuerten Atlantik-Brandungen. Der Einfall touristischer Horden würde dann nicht mehr zur Zerstörung der Natur und Ausrottung des Schönen führen. Nach kurzer Eingewöhnungszeit würden die meisten Touristen damit ihre *Vorstellung vom Paradies verwirklicht* sehen.

Original oder Nachbau? Disney's Notre Dame

Jahrhundertelang beschäftigte die *Sehnsucht nach den paradiesischen Inseln* die Phantasie von Schriftstellern der Weltliteratur. Thomas Morus hat seine „Utopia" auf einer Insel angesiedelt. Für Robinson ging es bei seinem Inseldasein erst einmal um das bloße Überleben. Und Rousseau schwärmte wehmütig von den Zeiten, die er auf der St.-Peters-Insel verbracht hatte. Vielleicht ist es in Zukunft besser, den Ferienparadiesen mehr im Traum als in der Wirklichkeit zu begegnen. Aus dem Traum kann man immerhin noch aufwachen und sich freuen ...

Hinter allen menschlichen Sehnsüchten verbirgt sich letztlich das *Heimweh nach dem verlorenen Paradies*. Solange es Menschen auf Erden gibt, wird es immer neue Sehnsüchte (und damit „neue Zielgruppen" und „neue Märkte") geben. Aber es ist gut zu wissen, dass manche Sehnsucht den Menschen oft lieber ist als die wirkliche Erfüllung, die mitunter enttäuschend sein kann. Der italienische Lyriker Guido Gozzano fasste es in die Worte: „Ma bella più di tutte l'Isola Non-Trovata". Meine schönste Insel ist die Nie-Entdeckte ...

Andererseits: Die Traumwelt wird zunehmend Wirklichkeit. Künstliche Erlebniswelten ziehen immer mehr Menschen in ihren Bann. Etwa 60 Freizeit- und Ferienparks gibt es derzeit in Deutschland. Die Neuen Erlebniswelten zählen jährlich über zwanzig Millionen Besucher. Und die meisten gönnen sich das Vergnügen gleich zweimal im Jahr – zwei Drittel davon sind erwachsene Menschen.

2. ERLEBNISGESELLSCHAFT: LEBEN HEISST ERLEBEN.

Der Lebemensch Jean-Jacques Rousseau hat den Erlebniskonsum zwischen Kneipe und Casino schon im 18. Jahrhundert selbst vorgelebt und vorgedacht: „Nicht wer am ältesten wird, hat am längsten gelebt, sondern wer am stärksten erlebt hat. Mancher wird mit hundert Jahren begraben, der bei seiner Geburt gestorben war" (Rousseau 1762/1975, S. 16). *Von Kindheit an soll der Mensch sich ausleben.*

Sein eigenes Leben und sein ganzes Denken kreiste um die *„Frage nach dem rechten und dem falschen Erleben"* (Rang 1965, S. 96) – immer auf der Suche nach dem wahren Glück. Auch seine Pädagogik hat hierin ihr Zentrum und ihren Sinn. Die große pädagogische Bewegung von Pestalozzi bis Fröbel ist von ihm beeinflusst und geprägt worden. Während aber beispielsweise Pestalozzi der Frage nachging, wie der Arme – trotz oder gerade wegen seiner Armut – Mensch werden könne, begnügte sich Rousseau in seinem „Emile" mit der Feststellung: „Der Arme bedarf keiner Erziehung", denn er werde von selbst ein Mensch. Wer aber im Wohlstand aufwachse, sei in seiner Entwicklung viel mehr gefährdet. Die „jeunesse dorée" hingegen, eine Art Erlebnisgeneration im Überfluss, werde ganz anderen Versuchungen und Gefährdungen ausgesetzt.

Was mit Rousseau 1762 im „Emile oder über die Erziehung" gedanklich seinen Ausgang nahm, hat auch heute – über zwei Jahrhunderte später – seine Problematik und Brisanz bewahrt: *Erlebe dein Leben – oder stirb!* Die Erlebnisgesellschaft des 21. Jahrhunderts hat hier ihre geistigen Wurzeln. Von der Reformpädagogik des beginnenden 20. Jahrhunderts über Wilhelm Diltheys Abhandlung zum Verhältnis von Erlebnis und Dichtung bis hin zu Kurt Hahns Erlebnistherapie reicht der Spannungsbogen, der Erlebnis zum Modewort und Leitthema der letzten Jahrzehnte machte. Nach dem „Boom erlebnispädagogischer Methoden in der Praxis der Erziehung" (Heckmair/Michl 1994, S. 94) erfährt der Erlebnisbegriff seit etwa 1980 eine Renaissance, die den pädagogischen Rahmen sprengt und fast inflationäre Züge annimmt. Der Erlebniskonsument von heute, immer auf der Suche nach Erlebnis und Abenteuer, „wurde zuerst wohl am deutlichsten in der Freizeitforschung entdeckt" (Wiswede 1990) – so die nüchterne Bilanz aus der Sicht der Wirtschaftswissenschaft.

Es ist nicht zu leugnen: „Erlebnis" gilt heute als Schlüsselwort der Freizeitforschung, seitdem sich die Freizeitindustrie zur Erlebnisindustrie gewandelt hat. Freizeitbereiche wie Tourismus, Medien, Kultur, Sport, Spiel und Unterhaltung stellen *Erlebniswerte* dar, auf die Menschen auch und gerade in wirtschaftlich schwierigen Zeiten nicht mehr verzichten können, ja nicht mehr verzichten wollen. Immer mehr Menschen suchen und finden hier ihre Erlebnisse und ihre Lebenserfüllung. Die Freizeitforschung hat diesen grundlegenden Wandel von der Arbeits- zur Erlebnisgesellschaft frühzeitig diagnostiziert, prognostiziert und problematisiert.

Erstmals 1980 hat der Autor eine *Erlebnisorientierung des Lebens* vorausgesagt. Gefragt sei dann *Erlebniszeit*. Der Wunsch, das Leben zu erleben, sei Ausdruck eines Wandels in den Wertvorstellungen und Lebensorientierungen der Menschen, der nicht konfliktfrei verlaufen werde (Opaschowski 1980, S. 8).

Ein Jahr später wurden erste Folgen und Folgerungen formuliert. Gewarnt wurde vor der Gefahr, *künstliche Erlebnisinseln zu schaffen und Erlebnisse gleichsam zu ghettoisieren.* Neue Angebotsformen müssten entwickelt werden. Die Attraktivität eines Angebots bestimme sich zunehmend nach ihrem Erlebnischarakter. Der Konsument erwarte geradezu erlebnisreiche Anregungen – sozusagen *„Erleben, was sonst nur im Kino möglich ist"* – von der 48-Stunden-Grenzerfahrung bis zum Aussteigen auf Zeit als Urlaubserlebnis. Politiker, Planer und Pädagogen sollten sich rechtzeitig auf diesen Wandel des Anspruchsniveaus einstellen und in ihren Maßnahmen berücksichtigen. Dies bedeute eine *Abkehr* *von der Monokultur* vieler Einrichtungen und Angebote. Erst mit einer *Vielfalt von Erlebnisdimensionen* könne das gesamte persönliche und soziale Wohlbefinden angesprochen und erreicht werden (Opaschowski 1981, S. 7 ff. und 15 ff.).

1983 wurde schließlich die wachsende Erlebnisorientierung kritisch hinterfragt: „Wie wirkt sich die prognostizierte *Explosion des Erlebnisbereichs* aus – auf die eigene Erlebnisfähigkeit, die Qualität der Erlebnisse und die angebotenen *Produkte der Erlebnisindustrie?* Kommt es zur Pseudo-Individualisierung?" (Opaschowski 1983, S. 96). Damit verbunden waren Fragen wie:

- Was passiert eigentlich, wenn man sich in der künftigen *Erlebnisgesellschaft* dem pausenlosen Erleben kaum mehr entziehen kann?
- Wird der *Erlebnishunger* des passiven *Erlebniskonsumenten* so grenzenlos sein, dass er nicht mehr zwischen Selbsterleben und Nacherleben unterscheiden kann?
- Wird das Erleben von *Pseudo-Wagnissen* zum vorprogrammierten Freizeitfrust?
- Werden Kultur und Kommerz im *Freizeiterlebnis Einkaufen* eine friedliche Koexistenz feiern, während sich die Einkaufszentren zu *Erlebniszentren* wandeln?

Im persönlichen Leben werde es immer schwieriger, sich diesem Erlebnisboom zu entziehen: Das Wohnzimmer werde zum Erlebnisraum, das Schwimmbad zum Erlebnisbad, die außerschulische Bildungsarbeit zur erlebnisbezogenen Freizeitbotschaft, das Zusammensein mit Freunden zum Gruppenerlebnis und ein erlebnisarmer Urlaub gelte als verlorene Lebenszeit. Werde am Ende dieser Entwicklung das Leben selbst zu einem einzigen Erlebnis?

Dies waren die Problem- und Fragestellungen zu Beginn der achtziger Jahre. Vor dem Hintergrund einer fast inflationären Entwicklung des Erlebnisbegriffs konnte für die Analyse und Bewertung 1983 kaum Raum für Zukunftseuphorie bleiben. Entsprechend kritisch fiel der Blick in die Zukunft aus: „Negativ einzuschätzen ist die sich *ständig steigernde Erlebnissuche aus Angst vor innerer Leere und Langeweile.* Der Erlebnisboom ‚nach draußen' und ‚mit anderen' kann zum innerseelischen Bumerang werden. Die Gefahr besteht, nicht mehr allein sein und zur Ruhe kommen zu können. Die Flucht nach draußen trägt dann Züge von Selbstflucht. Die Dauerpräsenz von action und motion, Cliquengesellschaft und Gruppenzwang, Unternehmungslust und Überaktivität erzeugt Freizeitstress. Eine neue subtile Form von Einsamkeit kann entstehen: *Die innere Vereinsamung inmitten von Kontaktflut und äußerer Hektik.* Selbst die Anbieter von organisierten Psycho-Programmen werden mehr zur Ablenkung als zur Selbstbesinnung beitragen" (Opaschowski 1983, S. 81).

Die Problematisierung der prognostizierten Erlebnisgesellschaft endete seinerzeit dennoch nicht in Resignation. Die Hoffnung sollte noch eine Zukunft haben: „Viel wird davon abhängen, wie schnell und wie flexibel das öffentliche Erziehungs- und Bildungswesen – von der Schule bis zur Volkshochschule – auf die derzeitige Umbruchsituation reagieren kann und will". Die feststellbaren Veränderungen jedenfalls „seien irreversibel, weder zurückzudrehen noch aufzuhalten. Der Bedarf müsse sich jetzt den Bedürfnissen anpassen, nicht umgekehrt". Ein Jahrzehnt später war es so weit – die Erlebnisgesellschaft war da (Schulze 1992).

Als Aldous Huxley 1931 seinen Zukunftsroman „Brave New World" schrieb, war er davon überzeugt, dass wir bis zum 6. oder 7. Jahrhundert „nach Ford" noch viel Zeit hätten: Von der ständigen Ablenkung durch Unterhaltungsangebote des Sports und der Musicals über die Verabreichung einer pharmakologisch hervorgerufenen Glückseligkeit bis zur Abschaffung der Familie reichte der Spannungsbogen seines ebenso phantasievollen wie

Vom Schwimmbad zum Erlebnisbad

zynischen Bilds einer neuen Gesellschaft. Doch schon knapp drei Jahrzehnte später (1959) musste Huxley eingestehen: „Die Prophezeiungen von 1931 werden viel früher wahr, als ich dachte". Dies trifft auch für die folgende Prognose zu: *Die Erlebnisgesellschaft eskaliert im Zeitalter der Eventkultur.*

WER KANN SICH DAS EIGENTLICH LEISTEN?
MEHR LEBENSLUST ALS KAUFKRAFT

TEIL 2

1. VON DER PROTESTANTISCHEN ZUR ROMANTISCHEN KONSUM-ETHIK

Es gab einmal vor über dreitausend Jahren ein kleinasiatisches Reich namens „Lydien". Und dieses Land wurde damals von einer großen Hungersnot heimgesucht. Eine Zeitlang ertrug das Volk die Härten, ohne zu klagen. Als sich aber keine Besserung der Lage abzeichnete, dachten die Lydier in ihrer Not über einen Ausweg nach. Sie entwickelten einen geradezu mentalen Plan: Er bestand darin, wie Herodot im 1. Buch/Kapitel 94 seiner „Persischen Kriege" berichtete, „sich jeweils einen Tag so vollständig Spielen zu widmen, dass dabei kein Hunger aufkommen konnte, um dann am anderen Tage jeweils zu essen und sich der Spiele zu enthalten. Auf diese Weise verbrachten sie achtzehn Jahre". Und in dieser Zeit erfanden sie den Würfel, den Ball und viele Spiele, die wir heute kennen.

Der Bericht Herodots mag historisch wahr oder erfunden sein, er weist auf ein interessantes Phänomen hin: Menschen können so sehr im Spiel (wir würden heute sagen: „in der Freizeit") aufgehen, dass sie darüber ihren Hunger oder andere Probleme vergessen. Von spielerischen Tätigkeiten kann eine solche Macht und Faszination ausgehen, dass selbst menschliche Grundbedürfnisse in den Hintergrund gedrängt werden. Andererseits wissen wir heute, dass spielerische Tätigkeiten als unproduktiv gelten und keine Gesellschaft lange überleben könnte, wenn ihre Mitglieder sich nur den „Spielen" und nicht auch dem „Brot" widmen würden (vgl. Csikszentmihalyi 1991, S. 11).

Der Wohlstand hat das Anspruchsniveau der Menschen verändert. Mit materiellen Gütern weitgehend versorgt, stellt sich für die heutige Generation die

Frage nach neuen Lebenszielen:

■ „Wir sind eine Generation, für die die Eltern nach dem Kriege ganz gut gearbeitet haben".

■ „Was meine Eltern geschaffen haben, Wohnung, Haus, Auto – es ist alles für mich da".

■ „Erst kam die Fresswelle, dann die Konsumwelle und dann das Haus. Und jetzt frage ich mich: *Was kann ich sonst noch mit mir machen?*"

Dies ist die entscheidende Frage: Was kann eigentlich jemand machen, der schon fast alles hat?

Es wächst das Bedürfnis der Konsumenten nach emotionaler Anregung, d. h. konkret nach emotionalen Konsum-Erlebnissen: *Einkaufszentren werden zu Erlebnisinseln, Freizeitorte zu Erlebnisbühnen und Freizeitgüter zu Vehikeln des Erlebniskonsums.* Der Verbraucher von morgen stellt zugleich die protestantisch-puritanische Konsum-Moral auf den Kopf: Die „Verzicht-kommt-vor-Genuss"-Moral entwickelt er zur „Erst-Genuss-dann-Verzicht"-Einstellung. Aus dem End-Verbraucher wird ein „Vorab-Forderer" (G. Gerken). Schecks und Kreditkarten machen es möglich: „Genieße das Leben jetzt – zahle später". Eine Mischung aus Gefühl und Genuss, Lebenslust und Lebensstil lässt die Menschen zeitweilig in einem Schloss romantischer Träume schwelgen – wohlwissend, dass jedes Schwelgen auch wieder in einem Darben endet. Aber man hat dann wenigstens etwas erlebt und gelebt: „Ich habe dann nicht das Gefühl, dass das Geld futsch ist. Ich bin vielmehr froh, dass ich das erleben durfte" oder frei nach dem Wort von Oscar Wilde: „Ich brauche nur Luxus, auf das Notwendige kann ich verzichten."

Der Engländer John Campbell sieht die psychologischen Wurzeln dieser neuen Konsum-Ethik in der Zeit der Romantik. In der Romantik begann der Genuss. Der Verbraucher von morgen wird in seinem Verhalten zunehmend durch eine romantische Konsum-Ethik geprägt, in der der Genuss eine tragende Säule ist. Insofern zeichnet sich für die Zukunft eine Verbraucher-Revolution ab, in der neben Nützlichkeit und Notwendigkeit auch Vergnügen und Genuss einen eigenen, gleichwertigen Stellenwert bekommen. Dies erklärt beispielsweise, warum heute mindestens genausoviele Autos zum eigenen Vergnügen und nicht nur aus Notwendigkeit gekauft werden. Die protestantische und die romantische Konsum-Ethik gehen eine Vernunftehe ein. Und der Verbraucher von morgen lebt in der Spannung zwischen Lebensnotwendigkeit und Illusionierung des Lebens. Diese Spannung zwischen zwei kulturellen Traditionen gleicht einem Tanz auf dem heißen Vulkan. Im täglichen Leben muss jeder Verbraucher seine ganz persönliche Abstimmung treffen. Der Verbraucher von morgen wohnt und lebt in zwei Gebäuden: Im *eisernen Käfig* („iron cage") der wirtschaftlichen Notwendigkeit und im *luxuriösen Schloss* romantischer Träume und Genüsse.

Die VW Erlebnisstadt: zwischen Markenkult und Kultmarketing

2. VOM VERSORGUNGS- ZUM ERLEBNISKONSUM

Für die Zukunft gilt ein neues ökonomisches Gesetz: *Der Erlebniskonsum wächst schneller als der Versorgungskonsum.* Dennoch – vor dem aktuellen Hintergrund der Arbeitsmarkt- und Einkommensentwicklung werden bis auf weiteres zwei Erlebniskonsumenten immer noch drei Versorgungskonsumenten gegenüberstehen. (Basis: Repräsentativbefragung des BAT Freizeit-Forschungsinstituts von 3.000 Personen in Deutschland 1997):

■ Der *Normalkonsument* (= 43% der Bevölkerung) als sogenannter „Otto Normalverbraucher" lebt weiter – trotz oder gerade wegen der Vielfalt anderer Lebensstile. Als graue, fast unscheinbare Erscheinung steht er allerdings nicht im Blickfeld des öffentlichen Interesses, wird eher an den Rand gedrängt, obwohl nach wie vor mindestens zwei von fünf Bundesbürgern Normalverbraucher sind. Der Normalkonsument kauft nur das, „was notwendig ist". Ihm genügt eine Sorte Bier oder Cola und nicht 17 verschiedene Geschmacks-Linien, Kalorien-Konzepte und Verpackungs-Systeme. Von Kaufrausch keine Spur, von Konsum-Askese aber auch nicht.

■ Zum Normalkonsumenten gesellt sich der *Sparkonsument* (16%). Er hält das Geld zusammen, weil er „sparen will und muss". Der alltägliche Konsum spielt sich ab zwischen Haushalt und Hausarbeit, Geldmangel und Geldnot, Konsumeinschränkung und Konsumverzicht. Zum Typus des Sparkonsumenten gehören mehrheitlich Haushalte mit niedrigem Einkommen. Zunächst einmal muss die Familie versorgt werden. Für den Sparkonsumenten gilt: „Mein Haushaltsbudget reicht gerade zur täglichen Versorgung". Für besondere Ausgaben bleibt ihm kein Geld.

Anlass zu größeren Hoffnungen für die Zukunft gibt allenfalls die Tatsache, dass sich parallel hierzu im Bereich des Erlebniskonsums vielfältige, z. T. exotische Konsumstile und Konsumtypen herausbilden. Hierzu zählen der Anspruchskonsument, der Anpassungskonsument, der Geltungskonsument und der Luxuskonsument:

■ Für den *Anspruchskonsumenten* (= 22% der Gesamtbevölkerung) ist das Konsumieren ein Hilfsmittel auf dem Wege zu einem schöneren Leben – mit mehr individueller Lebensart und ganz persönlichem Lebensstil. Der Anspruchskonsument geht seinen „vielseitigen Interessen" nach und leistet sich dabei in erster Linie Dinge, die für ihn persönlich wichtig sind und sein „Leben schöner machen". Als eine Art Lebenskünstler sucht und findet er sein Lebensglück nicht nur in der Arbeit, sondern hat das Bestreben, mehr aus seinem Leben zu machen und eigenen Interessen nachzugehen. Der Anspruchskonsument begreift den Erlebniskonsum als Möglichkeit, das nachholen zu können, was er bisher versäumt hat: Mehr Zeit und mehr Freude am Leben.

■ Der *Anpassungskonsument* (11%) steht unter dem Zwang oder Drang, sich anzupassen. Er will „viel mit Freunden zusammen sein und Spaß haben". Er will sich nicht ausschließen, hat Angst vor dem Out-Sein. Er will und muss immer dazugehören. Er lebt im Hier und Jetzt – „egal, was es kostet". Und er ist zugleich fasziniert vom Konsum. Geldausgeben ist ihm manchmal wichtiger als Geldverdienen. Er hat mitunter mehr Wünsche als Geld. Er lebt in einer Konsumwelt zwischen Freund und Fête. Und er lebt – wenn es sein muss – auch mal über seine Verhältnisse. Er neigt zu Spontankäufen, kauft „irgendwelche Sachen", auch unnötige Dinge, aber das merkt er (wenn überhaupt) erst hinterher. Dann ärgert er sich und „die Glücksgefühle sind im Eimer".

■ Der *Geltungskonsument* (9%) will die erworbenen Konsumgüter wie die Mode zur Schau tragen. Materiell und sozial weitgehend unabhängig gehören für ihn Geld und Geltung zusammen. Konsum wird von ihm mehr nach außen demonstriert. Der Geltungskonsument will sich durch demonstrativen Konsum von anderen bestätigen lassen: „Ein gewisses Erfolgserlebnis muss dabei sein". Groß ist seine Lust am Einkaufen. Er kauft sich „öfter mal was Neues". Es stört ihn nicht, wenn er manchmal über seine Verhältnisse lebt: „Was ich hier zuviel ausgebe, spare ich im täglichen Leben wieder ein". Er will und muss immer etwas Außergewöhnliches erleben, wovon der „familiäre Typ" einfach nur träumen kann.

■ Der *Luxuskonsument* – dazu zählt jeder zwanzigste Bürger (5%) – verbindet anspruchsvollen Konsum mit ausgeprägtem Qualitätsbewusstsein und intensivem Lebensgenuss. Bei über-durchschnittlichem Einkommen und höherer Bildung leistet er sich „höherwertige und teure Konsumgüter". Aufgrund verantwortlicher beruflicher Tätigkeiten hat er das Gefühl, sich den Erlebniskonsum „schließlich verdient zu haben": Die teure Reise, die Ausgaben für sportliche Betätigungen bei Tennis, Segeln oder Golf, die Vernissage oder den Besuch eines Musikfestivals, die Städtereise oder den Zweit- und Dritturlaub. Konsum ist für ihn immer auch mit Qualität und Luxus verbunden. In seiner knapp bemessenen freien Zeit will er etwas vom Leben haben, ja das Leben intensiv genießen – durch demonstrative Muße.

Mega-Event Love Parade: Lebensfreude pur

3. DAS ARMUT-WOHLSTAND-PARADOX

Alle Anzeichen sprechen dafür: Der Strukturwandel in der Arbeitswelt ist stärker als der Wertewandel der Konsumenten. Das Konsumverhalten der Bürger bleibt von der konjunkturellen Entwicklung nicht unberührt. Vor allem der Erlebnishunger ist kaum noch zu bezahlen. Erstmals seit Mitte der achtziger Jahre zeichnet sich zur Jahrtausendwende eine deutliche *Trendwende im Konsumverhalten* ab. Ein *neues Zeitalter der Sparmaßnahmen* hat begonnen – im privaten genauso wie im öffentlichen Bereich. Die Sehnsucht nach einem schöneren Leben bleibt erhalten, ihre Verwirklichung muss man sich auf Dauer aber auch leisten können.

Andererseits ist auch ein gegenläufiger Trend feststellbar: Je mehr die einen sparen, desto mehr leisten sich die anderen. Die Repräsentativbefragungen des BAT Freizeit-Forschungsinstituts weisen nach, dass im Konsumbereich eine

Event-Tourismus gegen aufkommende Langeweile

neue *Zwei-Klassen-Gesellschaft von Sparkonsumenten und Erlebniskonsumenten* entsteht, in der sich Familien und Ruheständler auf der einen, junge Erwachsene, Singles und kinderlose Paare auf der anderen Seite gegenüberstehen. Hier Kaviar, dort Knäckebrot. Die *Polarisierung im Konsumverhalten* der Bürger nimmt eher zu. Der Anteil der Sparkonsumenten, deren Budget „gerade zur täglichen Versorgung reicht", wächst (1991: 12% – 1997: 16%) – der Anteil der Erlebniskonsumenten, die sich weiterhin „ein schönes Leben leisten können" (1991: 22% – 1997: 22%), aber bleibt stabil.

So ist auch zu erklären, dass die Champions League boomt, die Kinos einen neuen Ansturm erleben und der Event-Tourismus vom Hockenheimring über die Love-Parade bis zum

Rolling-Stones-Konzert keine Grenzen kennt. Jeder vierte Single im Alter von 25 bis 49 Jahren kauft sich mitunter Konsumartikel für Hobby und Sport und muss dann zu Hause feststellen, dass er „kaum Zeit hat, davon Gebrauch zu machen." Jeder fünfte 18- bis 24-Jährige konsumiert weiterhin nach dem Grundsatz „Ich muss immer mehr haben". Und jedes achte kinderlose Paar gibt sogar offen zu, „manchmal wie im Rausch zu kaufen".

Diese jungen, kinderlosen Konsumpioniere sorgen dafür, dass z. B. das Geschäft mit der Freizeit weiter boomt wie noch nie. Die drohende Langeweile wird mit viel Geld bekämpft.

Mit dem *Trend zur Single-Gesellschaft* sterben offensichtlich die Märkte für Erlebniskonsumenten nicht aus. Auch wenn sich die meisten Bürger im privaten Verbrauch einschränken müssen, bleiben noch genügend erlebnishungrige Konsumenten übrig, von denen die Anbieter gut und manchmal sogar sehr gut leben können. Hier kündigt sich eine Entwicklung an, die in der Touristikbranche schon seit Jahren Wirklichkeit ist: Wer viel verdient und viel verreist, wird künftig noch mehr Geld für den Urlaub ausgeben. Wer aber knapp bei Kasse ist und nur selten verreisen kann, wird in Zukunft noch öfter zu Hause bleiben. Westliche Konsumgesellschaften müssen zunehmend mit dem Armut-Wohlstand-Paradox leben: Im gleichen Maße, wie sich Armut und Arbeitslosigkeit ausbreiten, entstehen neue Konsumwelten und expandieren die Freizeit- und Erlebnisindustrien: *„panem et circenses"* leben auch in Zukunft weiter.

Die neue *Erlebnisgeneration* geht in Zukunft mit Schulden auch ganz anders um als ihre Vorfahren. Dies bedeutet: Das Kreditkarten-Zücken, das amerikanische, australische und englische Verbraucher heute schon so perfekt beherrschen, kann in Zukunft sichtbarer Ausdruck einer neuen Form der Konsumabhängigkeit werden: *„Kreditsucht"*, über die Verhältnisse leben und sich verschulden. In Australien schon heute als *„credit junkies"* bekannt, wird die Kauflust dieser Verbrauchergruppe meist größer als ihre Kaufkraft sein. Die Klagen über zu hohe *Geldausgaben* beim Erlebniskonsum nehmen zu – vor allem bei der Generation der 14- bis 24-Jährigen (1986: 44% – 1997: 57%). Immer mehr leben über ihre Verhältnisse („Stil ist, nicht viel Geld zu haben, aber es auszugeben"). Sie stürzen sich in den Kaufrausch, spielen die Rolle von „Spendaholikern", indem sie sich etwas Gutes gönnen oder leisten – und schrecken auch vor Schulden und Krediten nicht zurück.

Die Konsumenten haben immer weniger Geld zur freien Verfügung. Überall muss gespart werden. Und doch: Was die Bürger in den alltäglichen Dingen des Lebens einsparen, geben sie im Bereich des Erlebniskonsums wieder aus. Die sich ausbreitende Erlebniskultur profitiert von diesem Wandel. Der vermeintliche Widerspruch löst sich in der neuen Lebenskunst der Deutschen auf: „Luxese" – mal Luxus und mal Askese, ein *Spagat zwischen Sparen und Verschwenden.* Insofern sind auch „Sparzeitalter" und „Erlebniszeitalter" keine Gegensätze mehr.

Theater, Oper und Konzert liegen nach wie vor im Trend

Von dem Wandel der Konsumprioritäten sind vor allem der Textil- und Einzelhandel betroffen. Finanzielle Einschränkungen fallen hier – subjektiv gesehen – immer leichter. Bei stagnierenden Realeinkommen wird der *Verdrängungswettbewerb* auch *innerhalb des Erlebniskonsums* härter. Die Unterhaltungselektronik hat in den letzten Jahren zugenommen, während der Kulturbereich (Kino, Theater, Oper, Konzert) seine Position festigen konnte. Hingegen weist der Sport in der Gunst der Konsumenten leicht sinkende Tendenz auf, während die Konsumprioritäten für Urlaubsreisen (1991: 40% – 1998: 43%) und Auto (1991: 34% – 1998: 39%) deutlich angestiegen sind.

Erlebniskonsum wird zunehmend als Lebensqualität empfunden. Die entscheidende Motivation ist nicht mehr der materielle Bedarf, sondern der erlebnispsychologische Wunsch nach Sich-verwöhnen-wollen. In den Konsumentscheidungen liegen zwischen Frauen und Männern allerdings „Welten": Für Frauen sind Geldausgaben für Kleidung genauso wichtig (44%) wie für Urlaubsreisen (44%), während sich Männer in der Rolle der „Kleidermuffel" (27%) ganz wohl fühlen, um dafür mehr Geld für „ihr" Auto zurücklegen (46%) zu können.

Für die Zukunft ist absehbar: Der „Und-und-und"-Verbraucher der 80er- und 90er-Jahre (TV+Videorecorder+Zweitwagen+Urlaubsreise) entwickelt sich immer mehr zum *„Hier-mehr-, dort-weniger"-Verbraucher:* Zum Beispiel am Wochenende beim Erlebniskonsum nicht auf das Geld achten, dafür zu Hause während der Woche bescheidener leben. Der Verbraucher von heute gleicht einer gespaltenen Persönlichkeit, die das Einsparen ebenso beherrscht wie das Verschwenden. Die neue Lebenskunst der Luxese ist allerdings nicht umsonst zu haben: Sie bedeutet *Verzicht auf Mittelmaß.* Sich Qualität und Luxus leisten zu können, aber dafür auch in anderen Bereichen Billigwaren und Opferkäufe in Kauf nehmen zu müssen. „Billig" und „teuer" sind für den Verbraucher von heute keine Gegensätze mehr.

WO IST AM MEISTEN LOS?
ERLEBNISWELTEN IM AUFWIND

TEIL 3:

„Unsere Projekte sind Erlebnisse,
die man nur einmal im Leben hat."
CHRISTO *und* JEANNE-CLAUDE, *Projektkünstler,*
Verhüllung des Reichstagsgebäudes in Berlin (1995)

1. SYSTEMATIK UND BEGRIFFE

„Erlebniswelt" gilt als Oberbegriff für eine Vielzahl und Vielfalt von Themenwelten und Shoppingcentern, Freizeit- und Vergnügungsparks im inner- und außerstädtischen Bereich. Auch traditionelle Einrichtungen wie Kino und Gaststätte wandeln sich zusehends zu Erlebniswelten: „Planet Hollywood", „Hard Rock Café", „Multiplex-, Omnimax- und Cinemaxx"-Kinos. Aus Zoologischen Gärten werden Naturerlebnisparks und „Animal Kingdoms". Selbst Weltausstellungen wie die EXPO 2000 in Hannover kommen ohne „Themenpark" nicht mehr aus. Natur-, Kultur-, Freizeit- und Konsumerlebnisse sind kaum mehr voneinander zu unterscheiden.

Gemeinsam ist allen Einrichtungen, dass hier eine Vielzahl von Angeboten zentral zusammengefasst wird. Im Einzelnen lassen sich unterscheiden:

- *Themenwelten/Freizeitparks*
  (Themen-, Märchen-, Safari-, Vergnügungsparks, Weltausstellungen, Virtual Worlds, Science Centers/Wissenschaftsparks)
- *Erlebnisbadelandschaften*
  (Spaß-, Erlebnis-, Freizeit-, Tropenbäder, Wasserparks)
- *Einkaufserlebniscenter*
  (Urban Entertainment Center/UEC)
- *Musicals*
- *Großkinos/Multiplexe*
- *Tierparks/Zoos*
  (Tiergärten, Erlebnistierparks, Aquarien)
- *Open-air-Events*
  (Inszenierte Sport-, Kultur- und Unterhaltungsveranstaltungen im Freien).

Die Geschichte der Erlebniswelten in Deutschland setzt nachweislich erst nach dem Zweiten Weltkrieg ein: Die Vorläufer waren Märchen- und Safariparks. Erst mit der Übernahme der *Themenpark-Idee aus den USA* wurde der Weg frei für neue Konzepte wie „Phantasialand" – „Traumland" – „Legoland" – „Freizeitland".

Die neuen Themenwelten stellen Erlebniswelten dar, die „durch ihre *Geschlossenheit*

Täuschung total – indischer Dschungel in Hannover

(Geborgenheit) und durch ihre detaillierte Gestaltung einen *positiven emotionalen Effekt* beim Besucher auslösen" (Scherrieb 1998 b, S. 7).

In Zeiten gesättigter Märkte verlangen die anspruchsvollen Erlebniskonsumenten nach einem *emotionalen und/oder realen Zusatznutzen:* „Hotelbett + Animation + Event + Geselligkeit + Kulturangebot + Gesprächsstoff etc." (Steinecke 1998, S. 11) und nach einem Ereigniswert *(„flashlike")*.

Attraktion, Perfektion und Professionalität gelten als Gütezeichen für Erlebniswelten – basierend auf den Walt-Disney-Ideen wie z. B.

■ überdurchschnittlich freundliches Dienstleistungspersonal und intensive Schulung des Personals,
■ eine saubere, „fast hundertprozentig" hygienische Umwelt,
■ problem- und konfliktfreie Unterhaltungsangebote für die ganze Familie sowie
■ eine fast zwanghafte Tendenz zum Null-Fehler-Prinzip.

Die Erlebniswelten wollen und sollen bewusst eine „andere Welt" schaffen. Ihre Attraktivität gewinnen sie vor allem aus der sogenannten thematischen Geschlossenheit des Angebots.

THEMENPARK
Eine Definition

Unter einem „Themenpark" verstehen wir eine abgeschlossene, großflächig ange-legte, künstlich geschaffene, stationäre Ansammlung verschiedenster Attraktionen, Unterhaltungs- und Spielangebote, die sich fast immer außerhalb großer Städte/ Metropolen befindet, die *ganzjährig geöffnet* und *kommerziell strukturiert* ist.

Themenparks werden meist von großen Medienkonzernen oder multinationalen Unternehmen betrieben. Sie zielen traditionellerweise besonders auf den Kurzreise-und Ausflugsverkehr ab und versuchen, ein differenziertes Angebot für „die ganze Familie", für nach Geschlecht, Alter, Schichtzugehörigkeit, Bildungslevel unter-schiedlich geartete Zielgruppen zu machen. Im deutschen Sprachraum haben sich die Ausdrücke *„Freizeitpark"* und *„Erlebnispark"* durchgesetzt.

Das konstitutive Merkmal ist die thematische Geschlossenheit, d. h., dass entweder der ganze Vergnügungspark oder aber einzelne, in sich geschlossene Teile auf bestimmte Motive, Themata, Figuren usf. sowie deren Wiedererkennbarkeit ange-legt sind. Beliebte Themen sind: Der Wilde Westen/Indianer; Piraten/abenteuerli-che Seefahrt; (traditionelle) Märchen; Ritter/Mittelalter; Nostalgie der Jahrhundertwende; Weltraumfahrt/Science Fiction; Fantasy u.a.

H. Jürgen Kagelmann: Themenparks. In: H. Hahn/H.J. Kagelmann (Hrsg.)
Tourismuspsychologie und Tourismussoziologie, München 1993, S. 407 f.

Insbesondere die sich ausbreitende Eventkultur führt zu immer differenzierteren Angebotsformen. Zu solchen neuartigen Erlebniskonzepten/-welten (vgl. Steinecke 1998, S. 12) gehören z. B.

■ *sights*
(Reichstagsverhüllung Berlin, Titanicausstellung Hamburg u. a.)
■ *attractions*
(Schokoladenmuseum Köln, Swarowski-Kristallwelten u. a.)
■ *corporate lands*
(Niketown Chicago; in Planung: VW-Erlebnisstadt, Auditorium Ingolstadt, Opel-Freizeitpark, RWE Meteorit Essen u. a.).

Zwischen Inszenierung und Illusionierung: die Arena im Europa-Park Rust

In Deutschland gibt es mittlerweile über fünfzig Erlebnisparks mit jeweils mehr als 100.000 Besuchern pro Jahr. Über eine Million Besucher jährlich verzeichnen derzeit

- Europa-Park Rust
- Heidepark Soltau
- Hansa-Park Sierksdorf
- Phantasialand Brühl
- Holiday Park Haßloch.

Spitzenreiter ist der *Europa-Park Rust* mit etwa 2,6 Millionen Besuchern pro Jahr. Obwohl z. B. der Europa-Park Rust ein Saisonbetrieb ist, sichert er 250 Mitarbeitern eine ganzjährige Beschäftigung. Hinzu kommen während der Saison noch etwa 1.250 Teilzeitbeschäftigte. Die jährlich neu vorzunehmenden Investitionen im Umfang von 25 bis 30 Millionen DM tragen zur Sicherung von mehr als 6.000 Arbeitsplätzen in der Region bei (vor allem in Handwerksbetrieben und Bauunternehmen). Nach vorliegenden Erfahrungswerten tätigen die Besucher in der Region um einen Freizeitpark noch einmal einen Umsatz in etwa gleicher Höhe, insbesondere in Hotels, Pensionen, Restaurants und Gaststätten (Kreft 1998, S. 24 f.).

Die *Center Parcs International* setzen jährlich in ihren 13 Parcs etwa eine Milliarde DM um. Rund drei Millionen Gäste sorgen für *Traum-Auslastungsquoten* von annähernd 90 Prozent (Seitz 1998, S. 7). Und die Zeichen stehen weiter auf Wachstum. Vor allem die USA und Japan (vgl. Hennig 1998) setzen Zeichen für die Zukunft:

- In Las Vegas wurde die Verbindung von Hotel-, Glücksspiel- und Erlebnis- bzw. Themenangebot am meisten perfektioniert: Seeschlachten im *Treasure Island*, Vulkanausbrüche im *Mirage Hotel* sowie Flanieren im alten Rom unter künstlichem Himmel in *Caesar's Palace*. Alles ist möglich in der synthetischen Erlebnisstadt.

■ In Japan finden in *Seagaia Ocean Dome* zehntausend Menschen Platz am größten künstlichen Strand der Welt. Im Skizentrum *Tsudanuma* bei Tokio gehen zweitausend Skifahrer auf einer 490 m langen Piste ihrem Sportvergnügen nach.

D ie Zukunft gehört außerdem den Erlebniswelten, die Firmennamen oder bestimmte Produkte demonstrativ in den Mittelpunkt der Show stellen. Es ist unbestritten, dass das Eventmarketing in den letzten Jahren viel von den „Erkenntnissen der Freizeit- und Sozialforscher" (Nickel 1998, S. 281) gelernt und Freizeitorte zunehmend als

■ Konsumorte,
■ Unterhaltungsorte,
■ Erlebnisorte,
■ Lernorte und
■ Bildungsorte

konzipiert hat. Die Grenzen zwischen Freizeitzentren, „Shopping Centern" und „Entertainment-Centern" werden immer fließender. Zugleich entdeckt die Wirtschaft, dass die erlebnisorientierte Inszenierung von

■ *Markenwelten („brand lands")* und
■ *Unternehmenswelten („corporate lands")*

die Unternehmenskommunikation sinnlicher und emotionaler erfahrbar macht – als „Nike Town" oder „VW Erlebnisstadt", „Swarowski Kristallwelt" oder „World of Coca-Cola". Die neuen Erlebniswelten sollen den *Markenaufbau und die unternehmenskulturelle Identität* stützen helfen. Unternehmer wandeln sich „von einem grauen Erzeuger zu einem bunten Erzähler" (Braun 1999, S. 30), der um die Gunst der Konsumenten buhlt.

Künstliches Venedig im echten Las Vegas

ERLEBNISEINKAUFSCENTER
Eine Typologie

---

1. Großes Shopping Center mit starker Freizeitkomponente und Verkaufsfläche über 50.000 qm und Freizeitfläche über 30.000 qm (CENTRO/Oberhausen)
2. Großes Shopping Center mit mittlerer Freizeitkomponente und Verkaufsfläche über 50.000 qm und Freizeitfläche über 15.000 qm (RHEIN-RUHR-CENTER/ Mülheim)
3. Mittleres Shopping Center mit ergänzendem Freizeitangebot und Verkaufsfläche unter 50.000 qm und Freizeitfläche unter 15.000 qm (VITA CENTER/ Chemnitz)
4. Großes Fachmarktzentrum mit mittlerem oder ergänzendem Freizeitangebot (WESER-PARK/Bremen)
5. Multiplex-Kino mit ergänzendem Entertainment-, Gastronomie- und Einkaufsangeboten (CAP/Kiel; MOVIE DICK/Esslingen)

Zusammenstellung nach J. Franck:
Erlebnis- und Konsumwelten 2000, S. 28 ff.

„Feel and buy" lautet die Erfolgsformel von Shoppingcentern, die bewusst Emotionen von Konsumenten ansprechen. Dazu werden auch Düfte eingesetzt, die das Einkaufserlebnis intensivieren. Mittlerweile setzen sogar öffentliche Einrichtungen die beeinflussende Wirkung von Düften ein. Um z. B. das Stress- und Aggressionspotenzial der Fahrgäste zu reduzieren, umweht die Besucher der U-Bahnstationen der Pariser Métro ein zarter Maiglöckchenhauch (vgl. Storp 1999, S. 29). Bekommt der Erlebniskonsum der Zukunft eine *eigene Duftnote,* so dass die Besucher gar nicht mehr zwischen Erlebniswelt und Einkaufswelt unterscheiden können?

2. ENTWICKLUNG UND BEGRÜNDUNG

Die wachsende Erlebnisorientierung der Bevölkerung hat in den vergangenen Jahren zur Errichtung einer Vielzahl von Themenparks neuen Typs geführt, die Tier-, Tivoli- und Märchenparks vergangener Zeiten vergessen lassen. Die Parks sind meist im Ausflugsbereich von Städten und Ballungszentren angesiedelt und erinnern in ihrer Konzeption an die von Walt Disney geschaffene *Themenpark-Idee („Theming").*

Ein moderner Zoo kann und darf sich heute *keine Langeweile* mehr leisten. Der Zoo von Hannover hat seit 1994 100 Millionen Mark in neue Anlagen investiert, darunter einen Palast für Elefanten, den sogenannten „Dschungelpalast", sowie den Nachbau einer afrikanischen Flusslandschaft.

DER ZOO ALS ERLEBNISPARK
Ein Hauch von Indiana Jones

„Selbst wenn Indiana Jones aus dem umgestürzten Jeep am Fuße des Gorillaberges klettern würde, kaum ein Besucher des Hannoverschen Zoos wäre irritiert. Zu perfekt ist inzwischen die Kulisse. Auch die Fortsetzung des Kolossalfilms Ghandi würde ideal in den indischen Dschungelpalast passen, wo im Garten Elefanten über umgestürzte Säulen steigen oder unter einem geborstenen Aquädukt eine Dusche nehmen. Ein Hauch von Exotik und Abenteuer durchweht den Erlebnispark in der Expo-Stadt. Bis zum Jahr 2000 sollen über 120 Millionen DM investiert werden.
Das war nicht immer so. Der 1865 gegründete Zoo führte bis in die 70er Jahre – zuvor war eine private Tierhandlung jahrzehntelang Pächter – ein Schattendasein in kommunaler Trägerschaft. Sinkende Besucherzahlen wurden mit steigenden Zuschüssen aus der Stadtkasse kompensiert. Statt Attraktivität durch Investitionen zu schaffen, regierte der Rotstift. Ein tödlicher Kreislauf, der erst 1993 durch die Gründung der Zoo GmbH unterbrochen wurde. 1994 folgte dann die Übernahme durch den Kommunalverband Großraum Hannover. Seitdem geht es steil bergauf ..."

Sybille Nobel-Sagolla: Der Zoo Hannover wurde zum Erlebnispark.
In: Süddeutsche Zeitung vom 14. April 1998, S. 27

Auch andere Zoos stellen sich um: In Duisburg jagen afrikanische Wildhunde hinter einem hölzernen Zebra her, das mit einem Fleischbatzen an einer Seilbahn aufgehängt durch das Zoogelände prescht. Und in Antwerpen werden mit einem Heuschreckengewehr lebende Insekten in das Gehege der Wüstenfüchse katapultiert.

Räumlich kombinierbare, aber in sich abgeschlossene Themenbereiche werden – durchaus in Anlehnung an Filmgestaltung und Filmkulissenbau – als attraktive Erlebniswelten geschaffen, ständig erweitert und erneuert. Neben perfekten Kulissen, sorgfältigen landschaftsgärtnerischen Gestaltungen und aufwendigen Shows und Inszenierungen wird dabei auf zwei Prinzipien besonderer Wert gelegt: Sauberkeit der Anlage und Freundlichkeit des Personals.

Allen Erlebniswelt-Konzepten gemeinsam ist die Absicht, einen Kontrast zur Alltagswelt zu bieten. Die Besucher sollen

- vorübergehend ihre Alltagssorgen und Belastungen im Beruf vergessen,
- sich in eine andere Phantasie- und Traum-Welt versetzt fühlen, die bewusst nicht an die wirkliche Welt erinnert und
- fast märchenhafte Stunden der Freude, Entspannung und Zerstreuung erleben und genießen.

Die modernen Themenpark-Konzepte knüpfen – unter Einbeziehung moderner Freizeittechnologien – durchaus an traditionelle Parkideen an. Der 1856 geschaffene CENTRAL PARK in New York beispielsweise oder der LUNA PARK in Coney Island (New York) von 1903 waren von Anfang an als *„dream world"* konzipiert. Auch in Deutschland wurde z. B. schon in den dreißiger Jahren ein öffentlicher Stadtpark („Planten un Blomen" in Hamburg) als *Park der 1000 Freuden* gestaltet, der teilweise Besucherzahlen von über 200.000 Menschen an einem Tage aufwies.

Der traditionelle Großstadt-Park als „dream world"

Trotz massiver Umsatzeinbußen im Einzelhandel weist der erlebnisorientierte Freizeitanlagenbau steigende Umsatzzahlen auf. Die Investition in erlebnisorientierte Großanlagen wird in der Wirtschaftsbranche bereits als *„Immobilie der Zukunft"* (so die Westdeutsche Immobilien Holding in Düsseldorf) gehandelt. Internationale Touristikkonzerne investieren zunehmend in themenbezogene Erlebniswelten wie z. B.

- Warner Bros. Movie World in Bottrop,
- Sea Life Center Timmendorf,
- Family Entertainment-Center/Wonderpark im CentrO Oberhausen
- bis hin zu Zukunftsprojekten wie z. B. „Ufo" in Dortmund, „Space Center" in Bremen oder „Ocean Park" in Bremerhaven.

Statt neuer Bürohalden werden *Themenparks als Konsumtempel und Trend-immobilie* gebaut. Die Themenparks fordern die Freizeit- und Touristikbranchen zugleich zu neuen Beherbergungskonzepten für Kurzurlauber heraus – Las Vegas und Euro Disney, Center Parcs und Gran Dorado, Sun und Fun Parks sind Beispiele dafür.

Als Trend für die Zukunft zeichnet sich der *Themenpark als Kurz-urlaubsziel* ab. Dieser Kurzurlaub mit Erlebnis- und Infotainment-Charakter wird sich in der gesamten westlichen Welt zu einer *neuen Form* des *Spezial-tourismus* mit wachsender Bedeutung entwickeln. Aus „ein paar schönen Stunden" werden dann schnell „ein paar schöne Tage". Kommen amerikanische Verhältnisse auf uns zu? Weil die Attraktivität und Angebotsvielfalt in den Erlebnisparks immer mehr gesteigert wird, geraten die Besucher in Zeitnot: Drei Viertel (74%) halten sich mittlerweile fünf bis zehn Stunden dort auf. Jeder elfte Besucher (9%) kommt sogar am nächsten Tag wieder. Und gut ein Drittel (36%) der Tagesausflügler entschließt sich mehrmals im Jahr zu einem Themen-

parkbesuch. Dies geht aus einer Besucherbefragung hervor, die im Europa-Park Rust, Phantasialand Brühl und Heidepark Soltau durchgeführt wurde (OPR 1998).

Den Erlebnispark-Besuchern läuft die Zeit davon. Sie wollen alles erleben und nichts verpassen. Deshalb bleiben sie immer länger, kommen öfter wieder oder machen aus ihrem Parkbesuch ein Kurzurlaubsziel. Die Erlebnisprogramme müssen dann nicht mehr im Laufschritt absolviert

Spanischer als Spanien: Europa-Park Rust, El Andaluz

werden. Im Kurzurlaub kann man sich auch eine Erholungspause gönnen. Um aus der Stress-Rallye zwischen Rennen und Warten auszusteigen, entscheiden sich immer mehr Besucher zur Verlängerung der Aufenthaltsdauer. Der Europa-Park Rust verfügt beispielsweise über 500 Betten im „Quartier Français" und das

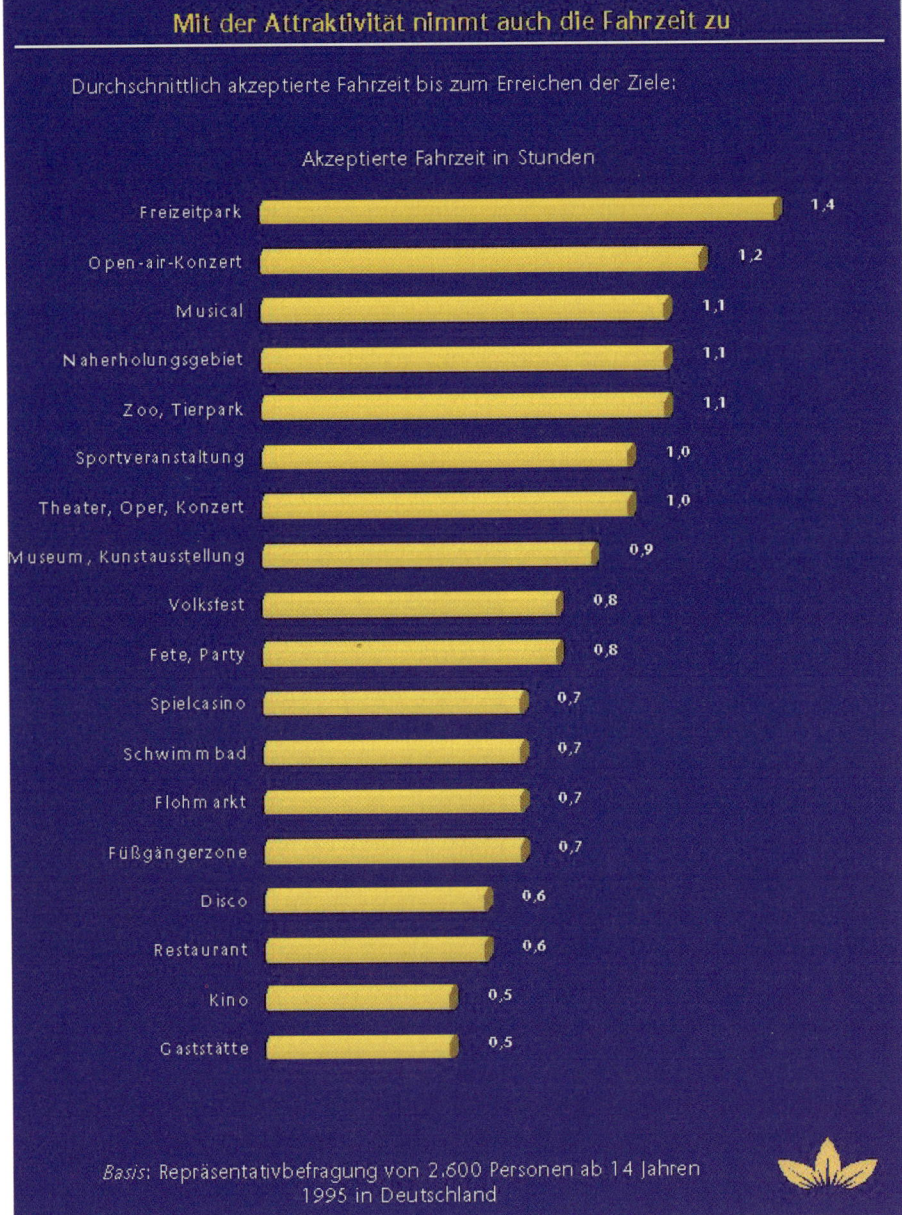

Akzeptierte Fahrzeit zu ausgewählten Erlebniszielen

Mit der Attraktivität nimmt auch die Fahrzeit zu

Durchschnittlich akzeptierte Fahrzeit bis zum Erreichen der Ziele:

Akzeptierte Fahrzeit in Stunden

Ziel	Stunden
Freizeitpark	1,4
Open-air-Konzert	1,2
Musical	1,1
Naherholungsgebiet	1,1
Zoo, Tierpark	1,1
Sportveranstaltung	1,0
Theater, Oper, Konzert	1,0
Museum, Kunstausstellung	0,9
Volksfest	0,8
Fete, Party	0,8
Spielcasino	0,7
Schwimmbad	0,7
Flohmarkt	0,7
Fußgängerzone	0,7
Disco	0,6
Restaurant	0,6
Kino	0,5
Gaststätte	0,5

Basis: Repräsentativbefragung von 2.600 Personen ab 14 Jahren 1995 in Deutschland

„Erlebnishotel El Andaluz", ein weiteres 400-Betten-Hotel, ist hinzugekommen. Euro Disney bei Paris bietet gar 5.000 Übernachtungsmöglichkeiten an. Und die Erlebnishotels in Orlando/Florida gehören mittlerweile zu den bestausgelasteten Hotels der Welt.

Als Antwort auf die Besucherwünsche nach *„Immer-Mehr" und „Immer-Länger"* gehen die Themenparks dazu über, Mehrtagesaufenthalte als Package (inklusive Fahrt, Unterkunft und Eintritt) anzubieten. Damit die Kombination von Erlebnisangebot und Hotelaufenthalt noch finanzierbar bleibt, sind Anbieter auch gezwungen, nach neuen Wohn- und Unterkunftsformen Ausschau zu halten. Als kostengünstige Alternative zum Ferienhotel kommt *„Caravaning auf Zeit"* infrage. Fast jeder zweite Themenpark-Besucher (48%) kann sich vorstellen, auch mit einem Reisemobil oder Caravangespann anzureisen, um die höheren Hotelkosten zu sparen (vgl. OPR 1998).

Aus der Sozialforschung ist seit langem bekannt: Das alltägliche Freizeitverhalten ist sehr *distanzempfindlich.* Angestrebte Ausflugsziele müssen entweder wohnungsnah oder besonders attraktiv sein. Und je attraktiver das Ziel, desto größer ist auch die Bereitschaft, dafür längere Wegstrecken zurückzulegen. Die Fahrdauer ist meist das Ergebnis einer ganz individuellen Güterabwägung, bei der der *Zeitaufwand im richtigen Verhältnis zum Erlebniswert des Ziels* stehen muss. Je nach der Attraktivität des Ziels kann eine solche Entscheidung auch gegen alle Vernunft ausfallen.

Die größte Anziehungskraft für automobile Unternehmungen nach Feierabend und am Wochenende stellen derzeit die Themenparks in Deutschland dar. Um sie zu besuchen, legt jeder Besucher im Durchschnitt 198 km – meist mit dem Auto – zurück. Und jeder vierte (25%) mutet sich für den Besuch eines Themenparks sogar eine Anfahrt von mehr als 300 km zu. Bisher galt als Erfahrungswert für die Erlebnismobilität der Bundesbürger: *Ein Ziel muss in der Regel in einer Stunde erreichbar sein.* Die 60-Minuten-Distanz traf für den Besuch von Volksfesten und Sportveranstaltungen genauso zu wie für Museums- oder Theaterbesuche. Eine Art „Innere Erlebnis-Uhr" war auf eine Stunde Anfahrt, zwei Stunden Aufenthalt und eine Stunde Rückfahrt ausgerichtet. Beim Themenpark-Besuch wird die erlebnispsychologische Regel jedoch außer Kraft gesetzt, weil die Ausflügler dann auch länger verweilen.

Die Bahn als Verkehrsmittel hat für Themenpark-Besucher fast eine Null-Attraktivität: 1 Prozent der Besucherschaft reist mit der Bahn an, 87 Prozent dagegen mit dem eigenen Auto. Sechs Prozent der Besucher machen von Bus-Angeboten Gebrauch. Und mit Reisemobil und Caravangespann sind fünf Prozent der Besucher unterwegs. Psychologisch gesehen stellt das Autofahren selbst schon ein Freizeiterlebnis dar, während die Bahn und andere öffentliche Verkehrsmittel die Tagesausflügler mehr zum Freizeitziel „transportieren". Das Auto liegt den freizeitmobilen Menschen einfach „näher am Herzen."

Hinzu kommt auch, dass der Themenpark-Besuch eine gesellige Unternehmung ist, die offenbar im eigenen Gefährt am meisten Spaß macht und auch Kosten sparen hilft. 70 Prozent der Besucher sind mit der Familie unterwegs, 14 Prozent mit Freunden sowie 15 Prozent mit Partner oder Partnerin – jedoch nur ein Prozent allein. Das gemeinsame Freizeiterleben wird dadurch gesteigert, die Verweildauer wird länger. Über zwei Drittel der Besucher (67%) halten sich bis zu acht Stunden im Park auf. Etwa jeder sechste Besucher (16%) bleibt länger und plant eine Übernachtung im Hotel, bei Freunden oder Verwandten ein (vgl. OPR 1998).

Grenzenlos mobil sein wollen ist das eine, grenzenlos Geld ausgeben können das andere. In Zeiten knapper Kassen und sinkender Realeinkommen müssen auch die erlebnishungrigen Konsumenten den Gürtel enger schnallen. Dennoch: Ein Parkbesucher gibt im Durchschnitt 82 Mark pro Tag und Person aus. Ein *Themenpark-Besuch* gilt für viele Bundesbürger als *„der"* Erlebnis-Höhepunkt des Monats. Was dabei an Geld zu viel ausgegeben wird, muss die übrigen Tage über wieder eingespart werden. Viele Besucher verhalten sich eher nach der Devise: „Wenn schon – dann richtig." So ist es auch zu erklären, dass über ein Drittel aller Parkbesucher (38%) zwischen 60 und 100 Mark pro Tag und Person ausgibt, jeder siebte (14%) sich das Freizeitvergnügen zwischen 100 und 150 Mark kosten lässt und jeder zehnte Besucher (10%) noch nicht einmal mit 150 Mark am Tag auskommt. Themenpark-Besucher lassen sich mehr von ihren Gefühlen als von ihrem Geldbeutel leiten. Das teure Freizeitvergnügen ist offensichtlich sein Geld wert, weil hier mehr Erlebnisse als Waren „gekauft" werden. Spürbare Einsparungen sind dann nur noch über kostengünstige Unterkünfte möglich.

Sport, Kultur und Mobilität
Verkehrsmittelnutzung beim Besuch von Events

In den letzten zwölf Monaten haben die **Besucher von Großveranstaltungen folgende Verkehrsmittel benutzt:**

Angaben in Millionen

Verkehrsmittel	Millionen
PKW	20,52
Bus	4,59
Bahn	4,32
Flugzeug	0,54
Motorrad	0,54
Wohnmobil / Wohnwagen	0,27

Basis: Repräsentativbefragung von 1.287 Personen ab 14 Jahren, die „in den letzten 12 Monaten eine Großveranstaltung besucht" haben, 1996 in Deutschland

3. „WIR ERZÄHLEN MODERNE MÄRCHEN".
AUS DER SICHT DER IMAGINATEURE

Kinder reisen durch Märchen. Märchenschilderungen kommen der Phantasievorstellung entgegen, verstärken das Fernweh und die Sehnsucht nach dem Abenteuer, dem Unerwarteten und Überraschenden. Im Märchen ist alles ganz anders dargestellt, als die Kinder es in ihrer eigenen Wirklichkeit erleben können.

Es ist ein geradezu kindliches Vergnügen, so äußerte sich schon Ortega y Gasset in seinem „Aufstand der Massen", die „leere Geschwindigkeit spielen zu lassen, die den Raum verschlingt und die Zeit tötet. Indem wir Raum und Zeit aufheben, verlebendigen wir sie, nutzen wir sie vital aus. Wir können an mehr Orten sein als früher, Ankunft und Abfahrt öfter genießen und *in kürzere kosmische Zeit mehr gelebte Zeit zusammendrängen.*" Das könnte die Grundphilosophie der Freizeitparks und Erlebniswelten von heute sein.

Märchen für Erwachsene: die Traumwelt von König Ludwig II als Musical

Darin liegt auch der Reiz begründet, den das Märchen zu allen Zeiten auf Kinder ausübt. Die Fremdheit der im Märchen geschilderten Menschen und Landschaften lebt in und aus der kindlichen Phantasie. Märchenhelden ziehen aus, „ihr Glück zu suchen" (Hauff: Der kleine Muck) oder gar „das Fürchten zu lernen" (Grimm). „Sechse kommen durch die ganze Welt" (Grimm), und eine „wunderbare Märchenwelt" (Tieck) vermag den Kindern eine hoffnungsvolle Ferne nahezubringen, die die eigene Welt in ein *fabel-haftes Ausland* verwandelt, in eine *verzauberte Welt*, und die Fremde zu einer lebensnahen und gegenwärtigen *Wunschwelt* des Kindes macht. Das Wunderbare des Märchens besteht darin, dass *Unmögliches als möglich dargestellt* wird.

Die Verzauberung, die einer Verfremdung gleichkommt, weil sie heimatliche Märchenwälder mit geheimnisvoll-märchenhaftem und exotisch-orientalischem Glanz umgibt, verheißt den Kindern das zukünftige Glück einer guten Welt („heilen Welt") und lässt sie sehnsüchtig wünschen, sich also aufzu-tun und daraufhin „eine Reise zu machen" (Bechstein: Märchen vom Schlaraffenland). So gibt es Reisen zum Schicksal, zu Sonne, Mond und Sternen, ja selbst zur Hölle.

„Up Reisen gohn" (Grimm) im Märchen bedeutet, das Paradox der zeit-lichen und räumlichen Ferne zu erleben. Denn in der Märchenwelt kann es ganz im Sinne des „Es war einmal" *keine rechnerische Festlegung der Zeit* geben. Schöne Prinzessinnen bleiben zeitlos jung! Ebenso wird die Macht des Raumes im Märchen negiert. Märchenhelden durchwandern unergründliche und nicht enden-wollende Wälder von gewaltigen Ausmaßen und sechs Mann und ein Gefreiter finden sogar in einem einzigen Ranzen Platz (Grimm: Der Ranzen, das Hütlein und das Hörnlein). *Die poetische Scheinwelt wird als mögliche Wirklichkeit dargestellt.*

Diese *märchenhafte Synthese aus Wunder und Wirklichkeit,* dem Spiel des Kindes sehr verwandt, findet sich in den Konzepten der heutigen Freizeitparks und Erlebniswelten wieder. Erlebniswelten sind Traum- und Wunschwelten zugleich: Sie spiegeln *Wünsche und Träume vom schöneren Leben* wider. In der Dramaturgie und Inszenierung dieser Erlebniswelten spielen daher Märchen, Traum, Spiel und Utopie eine große Rolle.

WIR ERZÄHLEN MÄRCHEN ...
Aus der Sicht der Ferienmacher

„Es war einmal ... So fangen Märchen an. Und so war's auch bei Center Parcs. Denn die Entwicklung ist fast märchenhaft. Zuerst war die Idee. Ein Mann hatte sie. Und dieser Mann hatte die Kraft und Überzeugung, seine Idee in die Tat umzusetzen. Die Idee: Warum muss man eigentlich kilometerweit reisen ... hinter der Sonne her. Warum kann man die Sonne nicht ins Land holen?
Center Parcs bietet Ihnen Sommerfreuden und sonnige Urlaubs-Temperaturen im Subtropischen Schwimmparadies. In jedem Park. Zu jeder Jahreszeit! *...Täglich son-nige 29°C."*
Werbebroschüre von CENTER PARCS

> *„Schön wie ein Südseemärchen* – das Urlaubsdorf aus Strohhütten. Seit es sie gibt, haben Tausende von Menschen das einfache Leben in den Strohhütten liebgewonnen. Denn so erstaunlich es klingt: nur selten bekommt man die Chance, einmal ein 'edler Wilder' zu sein. Der Club Méditerranée unterhält noch 14 von diesen 'tahitiinspirierten' Urlaubsdörfern. Aber wie kam es ursprünglich dazu?
>
> Es war einmal ... eine junge Frau im August 1954. Mitten in der Nacht ließ sie mehrere Tonnen Stroh in ein Zeltdorf liefern, in dem 600 Urlauber schliefen. Heimlich wurde das Stroh abgeladen und in einem leerstehenden Gebäude versteckt. Alle Spuren wurden verwischt. Nicht ein einziges Strohhälmchen sollte etwas von dem Geheimnis verraten. Das ganze sollte eine Überraschung werden. Es wurde eine Sensation. Im Winter dieses Jahres entstand mit dem herangeschafften Stroh das erste Strohhüttendorf in der Geschichte des Urlaubs. Es war Korfu ...“
>
> *Werbebroschüre von CLUB MEDITERRANEE*

Imaginateure gehen von dem Grundsatz aus: *„Wir erzählen Märchen; ob sie später in Erfüllung gehen, liegt hauptsächlich an dem Reisenden selbst"* (tdt vom 19. März 1990). Die selbstverständliche Bezugnahme auf *Paradies und Märchen, Tahiti* und *edler Wilder* ist offenbar nicht weiter erklärungsbedürftig. Niemand nimmt Anstoß daran, dass damit unerfüllbare Ansprüche verbunden sind.

Themenwelten erzählen Märchen und Geschichten in Restaurants (z. B. „Hard Rock Café", „Planet Hollywood"), in Zoologischen Gärten (z. B. „Dschungelpalast" im Zoo Hannover), in Museen (z. B. Zeppelin Museum Friedrichshafen) oder in Erlebnisparks (z. B. „Play Castle" in Seefeld oder „Space Center" in Bremen). Aus erlebnispsychologischer Sicht gelingt es den Menschen tatsächlich, eine Balance zwischen unerfüllbaren Paradiessehnsüchten und konkret erreichbaren Erlebniszielen herzustellen. Pointiert: Ein gelungener Erlebnisparkbesuch ist manchmal nichts anderes als eine gelungene Selbsttäuschung – ein handfester Traum, eine reale Fiktion, eine konkrete Utopie.

Damit lässt sich durchaus leben, ja sogar eine gewisse Art von Harmonie finden. Die Besucher werden zu Pragmatikern oder Illusionisten, indem sie

- *das Ist für das Soll halten und*
- *den Schein als das Sein ausgeben.*

Die Frage, wie, warum und in welchen Formen diese Suche nach Harmonie und Balance gelingt, ist die entscheidende erlebnispsychologische Frage. Offensichtlich schaffen es die meisten Menschen, die doch das Paradies wollen, die vorgefundene Erlebniswelt dafür zu halten oder sie dafür auszugeben.

Wie auch immer – am Ende der Erlebnisreise muss sich die Traumqualität einstellen und den eigenen Ansprüchen genügen, so dass die Paradies-Sehnsucht weiterhin aufrechterhalten werden kann. Nicht die Erlebniswelt ist das eigentliche Ziel der Erlebnisreise, sondern der Wunsch, das erhoffte Glücksgefühl (die „Lebensfreude") dort zu finden.

Selbst Stammbesucher, die aus Gewohnheit immer den gleichen Erlebnispark besuchen, verbinden damit meist eine zur Gewohnheit gewordene Erinnerung, hier – irgendwann einmal – *ein Stückchen Paradies erhascht oder erlebt* zu haben: Sie suchen alle das Gleiche – und wenn sie „ein bisschen was" davon gefunden haben, halten sie es fest. Sie trauen sich nicht mehr, doch einmal nachzusehen, ob nicht „nebenan" mehr davon zu bekommen ist. Die Folge: Sie wiederholen sich – und kommen wieder.

4. „WIR SCHAFFEN GLÜCKSELIGKEIT."
AUS DER SICHT DER ANBIETER

Erlebnismacher und Erlebnisindustrie machen eine einfache Rechnung auf: „happiness is our business". Sie sind Realisten und verweisen darauf: *Vorerst sind wir auf künstliche Traumwelten angewiesen,* um die Alltagsmonotonie von Stress, Langeweile und Vereinsamung überhaupt ertragen zu können. Und wir brauchen sie als psychisches Ventil, sonst würden die Aggressionen auch außerhalb des Fußballfeldes freiwerden und die Therapiebranche würde einer expansiven Entwicklung entgegensehen.

Wirklich neue Erlebniswelten gibt es doch nur noch in der Phantasie. Die Freizeit- und Ferienwelt erscheint fast „lückenlos" erschlossen. Neues kann man eigentlich nur noch selbst er„träumen" oder er„finden" lassen. Und so schaffen die Macher neue Paradiese, die allen alles bieten: Eine Mischung aus

Yachthafen, tropischen Gärten, Shopping Center und griechischem Dorf. Eine perfekte Kunstwelt, die vor allem von drei Faktoren lebt:
Imagination. Attraktion. Perfektion.

■ Bildingenieure („imagineers") zaubern Illusionen: Stilisierte Palmen und künstliche Seen. Kulissenzauber – so echt wie möglich.

■ Besondere Attraktionen machen künstliche Freizeitwelten mit natürlichen Welten unvergleichlich. Die Erwartungen sind hoch: „Wer will schon einen Löwen zweimal gähnen sehen?" Mithalten kann nur, wer ständig neue Attraktionen bietet.

■ Die „everything-goes"-Devise verlangt Perfektion bis ins kleinste Detail. Alles wird und muss perfekt geplant werden.

Das Ergebnis ist „clean" („Es darf keine welke Blume geben"). Keine Umweltprobleme und Versorgungsengpässe. Und der Erlebniskonsument kann wählen zwischen Spazierengehen inmitten 100.000 neu gepflanzter Bäume oder

Unterhaltenwerden rund um die Uhr. So gesehen will und soll ein Vergnügungspark gar kein Abbild der gesellschaftlichen Wirklichkeit sein. Er soll vielmehr das verwirklichen, was sich die Menschen in ihren Phantasien und Träumen vorstellen (Euro-Disney: *„Wir schaffen Glückseligkeit"*). Dabei kann eine künstliche Traumlandschaft faszinierender als die Naturlandschaft sein.

Konsumpaläste mit sakraler Ästhetik – die Kathedralen der modernen Welt

Die Vision einer „Schönen Neuen Welt" wird vor allem eine *„Brave New Shopping World"* sein. Shoppingcenter hatten schon immer Pionierfunktion. Die von Vittorio Emanuele 1877 geschaffenen Mailänder Passagen sind Warenwelten, Kunstwelten und Erlebniswelten wie die heutigen Erlebniseinkaufscenter auch: Inszenierte Architektur in einer künstlichen Klimahülle zum Zwecke des Kon-

sums. Handel wurde und wird als *Freizeitgestaltung mit Erlebniskomponente* inszeniert (vgl. Hennings/Müller 1998). Emile Zola hat in seinem Roman „Paradies der
Damen" („Au bonheur des Dames") schön frühzeitig die Konsumpaläste und
„magasins de nouveauté" als Kathedralen der modernen Welt beschrieben, ja als
Verwirklichung eines Traumschlosses und eines modernen Babel.

C.A.M.P.U.S.
Die Erfolgsformel für Erlebniseinkaufscenter
im 21. Jahrhundert

C = Cinema, Café, Cocktailbar, Catering, Cola, Champagner, Computer, Cash ...

A = Arena, Attraktionen, Atmosphäre, Ambiente, Aura des Authentischen ...

M = Marktplatz, Mehrzweckhalle, Musical, Musiktheater, Management,
Multifunktionalität ...

P = Parkhaus, Parkplätze, Passagen, Promenaden, Palmen, Pubs, Pinten,
Prominente ...

U = Unvergessliches, Unvorstellbares, Unverwechselbares, Utopisches ...

S = Shopping-Mall, Supermarkt, Superlative, Showprogramme, Szenerien,
Service, Security ...

Shopping Center-Experten aus 24 europäischen Ländern haben im Frühjahr
2000 eine Dokumentation erstellt. Danach liegt der *Marktanteil der
Einkaufszentren in Europa bei 12,6 Prozent* bezogen auf die Gesamtausgaben der
Europäer. In den USA beträgt der Anteil 51 Prozent, in Norwegen 30 Prozent, in
Großbritannien 25 Prozent und in Deutschland etwa 8 Prozent. Hier deuten sich
für die fernere Zukunft noch Potenziale an – vor allem im Bereich der *Luxusartikel,*
die in wirtschaftlich schwierigen Zeiten weniger Probleme haben als der traditionelle Einzelhandel.

Und auch der künftige *elektronische Handel* (E-Commerce bei Bank-
und Finanzdienstleistungen, Reisen, Büchern, Informatik, Musik und Film) wird
die Erlebnis-Shopping-Branche nicht empfindlich treffen können, weil der
Mensch auch in Zukunft Kontakte braucht und nicht nur vor einem Bildschirm sitzen mag, sondern auch Freunde treffen und an gemeinsamen Aktivitäten und
Unternehmungen teilnehmen will (Joye 2000, S. 39).

Erlebniseinkaufscenter (vgl. z. B. „Century City" in Los Angeles) ähneln mehr einem Vergnügungspark für Erwachsene. Geboten werden Fantasy-Abenteuer nach der Devise „Entführt mich in ein anderes Leben – aber holt mich zum Abendessen zurück" (Popcorn 1992, S. 47). *Die Entführung findet eigentlich nur in der Phantasie statt.* „Urban Entertainment Center" steigern den *Bekanntheitsgrad und Imagewert* einer Stadt oder Region: Seit es „CentrO" in Oberhausen gibt, ist Oberhausen zur drittbekanntesten Stadt an Rhein und Ruhr avanciert. Die jährlich 23 Millionen Besucher können sich sehen lassen. Die Verschmelzung von Einkauf und Freizeit, von Konsumieren und Flanieren macht die Städte wieder attraktiver. Der Phantasie sind keine Grenzen gesetzt. Hotels in Hawaii verführen mittlerweile die Gäste, die der Strände überdrüssig geworden sind, mit Nachbildungen venezianischer Kanäle. Und Hotels im Mittleren Westen der USA bieten Abenteuernächte in „FantaSuites" an, wobei man zwischen einem Tropenparadies, einer Dschungelhütte oder einem Beduinenzelt wählen kann ...

So unwirklich Themenparks und Erlebniswelten auch erscheinen mögen, aus psychologischer, ökonomischer und ökologischer Sicht gibt es vernünftige Gründe dafür:

- *Erlebnispsychologisch* gesehen treffen die rosaroten Traumwelten vom Fließband offensichtlich den Massengeschmack. Erlebnismarketing bedeutet in Zukunft vor allem: Szenerie und Dramaturgie von Erlebnislandschaften. Erholen kann man sich auch zu Hause.
- *Ökonomisch* erweisen sich Freizeitparks und Erlebniswelten geradezu als Erfolgsformel Nr. 1. Sie erreichen eine Auslastung, von der andere Branchen nur träumen können.
- *Ökologisch* gesehen sind die Kunstwelt-Konzepte mitunter fast ein Segen für die Problematik von Massenmobilität und Umweltbelastung. Die Besucherströme konzentrieren sich auf die künstlichen Erlebnislandschaften, während die natürlichen Landschaften weitgehend unbehelligt bleiben.

Die Frage, ob es wichtig bzw. unverzichtbar ist, „wirklich" in der Karibik zu sein, um sich wie in der Karibik fühlen zu können (*„caribic feeling"*), entspricht nicht dem Denken des Erlebniskonsumenten. Eine Erlebniswelt „muss" nicht in jedem Fall dem Anspruch von Wahrheit und Wirklichkeit entsprechen. Wichtiger ist das „Original-Gefühl". Gerade dies macht das eigentliche Dilemma aus:

Wieviel wovon? Beide – Original und Kulisse – sind zugleich erwünscht. Der Erlebniskonsument lässt sich in aller Regel auf einen Kompromiss ein: *So viel Ursprünglichkeit wie möglich, so viel Kulisse wie nötig.*

Es bleibt festzuhalten: Die Macher, die Anbieter und Betreiber von Freizeitparks und Erlebniswelten schaffen nach den Grundsätzen der modernen Marketingforschung (vgl. Inden 1993; Bruhn 1997; Nickel 1998) Erlebniswelten als

- *inszenierte Ereignisse* und Veranstaltungen, die
- *multisensitiv,* also mit starken emotionalen und physischen Reizen dargeboten werden und
- den Teilnehmern besondere und nichtalltägliche, vielfach spannende oder gar *einmalige Erlebnisse* vermitteln.

5. „WIR AMÜSIEREN UNS ZU TODE."
AUS DER SICHT DER KRITIKER

Freizeitparks und Erlebniswelten stehen seit Jahren im Zentrum der Kultur- und Medienkritik.

KÜNSTLICHE ERLEBNISWELTEN
Im Spiegel der Kultur- und Medienkritik

- „Kulturelles Tschernobyl"
  (Ariane Mnouchkine, franzöS. Regisseurin)
- „Kollektive Schizophrenie"
  (Jean-Pierre Chevènement, franzöS. Politiker)
- „Hypertrophe Zeittotschlagmaschinen"
  (André Heller, österr. Aktionskünstler)
- „Ferien-Wackersdorf"
  (DIE ZEIT)
- „Erlebniswelten von Mack und Meck"
  (FAZ)
- „Urlaub auf der Intensivstation"
  (STERN)
- „Hochtemperaturreaktor zur Wieder-Aufbereitung von Menschen"
  (FRANKFURTER RUNDSCHAU)
- „Deutschland unter Glas"
  (WELT AM SONNTAG)

Das Unwort des Jahres 1993 vom „kollektiven Freizeitpark" wirkt fast zurückhaltend im Vergleich zur massiv-aggressiven Kritik an den neuen Freizeitwelten. Die Kritik entzündet sich in erster Linie an der *Massenhaftigkeit des Phänomens.* Eigentlich ist mehr die Masse als die Künstlichkeit gemeint. „Künstlich" sind schließlich auch Spielcasinos, Opernhäuser, Theaterpaläste und andere Kulissenwelten – nur mit dem Unterschied, dass sie keine Massen anziehen. Hinter der teilweise bösartigen Kritik verbergen sich *elitäre Sichtweisen* und sicher auch ein *Stück Arroganz* gegenüber Volksbelustigungen und Massenvergnügungen.

Die Kritiker verwechseln mitunter das Partielle mit dem Ganzen. „Inszenierte Welten" machen doch die „unberührte Natur" nicht entbehrlich. Und wer sich einmal für ein paar Stunden zerstreuen und vergnügen will, verliert deshalb den Ernst des Lebens nicht aus dem Blick: „Wenn Menschen zwei oder fünf oder vierzehn Tage im Jahr in einer künstlichen Ferienwelt verbringen, braucht man um ihren Realitätssinn keine Angst zu haben" (Hennig 1998, S. 19). Der Alltag holt jeden schnell genug wieder ein.

Ganz abgesehen von der Frage, wie „authentisch" massentouristische Zentren für Besucher heute überhaupt noch sein können, erbringt die Erhebung des BAT Freizeit-Forschungsinstituts den Nachweis, dass *Vor-Urteile* und *Vor-Verurteilungen* nicht mehr zu rechtfertigen sind. Der Hinweis darauf, „schlecht informiert" zu sein und „die neue Entwicklung schwer einschätzen" zu können (vgl. Romeiss-Stracke 1998, S. 28), kann und darf fortan für Kritiker nicht mehr gelten.

Kritiker sollten zur Kenntnis nehmen, dass heute *Freizeit zunehmend als Kultur-Konsum-Unterhaltungszeit* empfunden wird. Und was früher nur wohlhabenden Schichten möglich war, nimmt jetzt massenhaft zu: „Die Nachfrage nach kulturell ‚angereicherten', ästhetisch verfeinerten Gütern" (Koslowski 1987, S. 107). Damit verlagert sich auch das Prestige von der materiellen Güterqualität (z. B. PS-Zahl des Autos) auf die symbolisch-kulturelle Qualität (z. B. Snob-Effekt der Seltenheit). Die Industriekultur wandelt sich zur post-industriellen Kultur, die freizeitkulturelle Züge trägt. Diese neue Freizeitkultur bestimmt wesentlich das Standortmarketing, weil der Freizeitwert einer Stadt oder Region über die *Attraktivität für Arbeitskräfte* entscheidet. In der überregionalen

Stadtwerbung wird mehr der größte Freizeitwert (und nicht mehr der größte Industriebetrieb) herausgestellt.

Die Eventkultur beginnt mit dem Unterhaltungswert, wenn also eine kulturelle Veranstaltung „in Gesellschaft erlebt" wird. Das Miteinander-Sehen, -Hören und -Reden gibt der Kultur eine interessante Facette, „entstaubt" Kultur und macht sie „lebendiger". Bildungskultur ist dann Unterhaltungskultur. Der Verstand sorgt für die Bildungskultur, aber das Herz schlägt für die Erlebniskultur.

Neben der *sozialen Komponente* der Eventkultur (soziale Geborgenheit, gemeinsame Freude) ist der *sinnliche Charakter* fundamental: In der Erlebniskultur wollen die Menschen Kultur und Unterhaltung hautnah be-greifen und als direkte sinnliche Berührung er-leben. Mit der Musik vibrieren, sich in Trance tanzen, sich beim Pop-Konzert bis zur Erschöpfung verausgaben, Zirkusluft schnuppern, den letzten Kick in der Achterbahn spüren und immer hautnah (d. h. „live") dabeisein. Erlebniskultur bekommt existentielle Bedeutung – im Gegensatz zur traditionellen Hochkultur, die für viele Menschen schwer greif- und begreifbar ist.

Resümee: Die neue Eventkultur ist leichter, unterhaltsamer und gegenwartsnäher. Während die Hochkultur nach dem subjektiven Empfinden der Bevölkerung für die Zukunft „bildete", lebt Eventkultur im Hier und Jetzt („Jetzt will ich etwas sehen, fühlen

Auf der Suche nach dem letzten Kick

und erleben"). Eventkultur ist gegenwartsbezogen („aktuell") und gleichermaßen personen- und sozialorientiert („menschlich"). *Die Hochkultur wird vom Sockel geholt, aber nicht gestürzt.* Und auch die Eventkultur wird ernst genommen – nur mit dem Unterschied, dass man ihr den Ernst nicht anmerkt, weil er nicht anstrengend und langweilig, sondern unterhaltsam und erlebnisreich ist.

August Everding, der ehemalige Vorsitzende des Deutschen Kulturrats, brachte die Schlüsselfrage auf den Punkt: „Welche Chancen hat das Stadttheater Ingolstadt neben den drei Tenören?" (Everding 1999, S. 24). Auf den zweiten Blick erkennt man jedoch, dass beide Kulturereignisse gar nicht in Konkurrenz zueinander stehen. Kulturevents als Großereignisse sind nur ein *Additivum der klassischen Kulturarbeit* – keine Konkurrenz und schon gar nicht ein Ersatz. Kommerzkultur und Subventionskultur werden wohl auch in Zukunft nebeneinander bestehen können und müssen.

Die Eventkultur ist kommerziell und käuflich, was ihre Perfektion, Professionalität und außerordentlich hohe Besucherresonanz erklärt. Im Umkehrschluss könnte dies bedeuten: Nichtkommerzielle Hochkultur zieht weniger Besucher an, schätzt Improvisation höher als Perfektion ein und gibt sich auch mit „Amateur"-Theater zufrieden. Eventkultur hingegen kommt ohne Einmaligkeit und Außergewöhnlichkeit nicht aus („Mega", „Giga", „Super", „Hyper" u. a.). Der vermeintliche Widerspruch ist gewollt: „Events sind einmalig, auch wenn sie wiederholt werden können" (Kagelmann 1999, S. 9). Das subjektive Gefühl der Besucher ist entscheidend. Der Besuch wird subjektiv als *einzigartiges und ungewöhnliches Erlebnis* erfahren. Das Erlebnis muss „einfach schön" sein, ein „gutes Gefühl" hinterlassen und ein „Stück vom Glück" erfahrbar machen.

Die Hochkultur kann daraus lernen, indem sie die Erlebnisvermittlung genauso hoch bewertet wie die Bildungsvermittlung, die Unterhaltungsbedürfnisse der Besucher ernster nimmt, Oper, Konzert und Theater wieder zum Erlebnis macht und vor allem die Dienstleistungsqualität verbessert. Bei Walt Disney verstehen sich alle Mitarbeiter als *„cast members"*, als Bühnendarsteller, die rund um die Uhr für die Besucher da sind. Sie verstehen sich als Rollendarsteller und *Angestellte in Kostümen* und nicht als Beamte mit Versorgungsmentalität (Kagelmann 1999, S. 15) und Urlaubsanspruch, die zur schönsten Jahreszeit „Theaterferien" machen.

In der Eventkultur kommt das Persönliche nicht zu kurz. Eventkulturelle Angebote wirken wie eine „Anfasskultur", die alle „berührt". Doch was macht die besondere Faszination der Eventkultur aus? *Live, persönlich, sinnlich und sozial:* Dies sind die vier Erlebnisdimensionen der Eventkultur. Eventkultur ist eine Welt zum Anfassen.

■ Die Einbeziehung sinnlichen Erlebens unterscheidet eventkulturelle Veranstaltungen wesentlich vom Angebot traditioneller Kultur- und Bildungsangebote. Insbesondere die jüngere Generation, die im Zeitalter neuer Medien mit der Flut visueller Eindrücke aufgewachsen ist, kann auf optisch-akustische Finessen nicht mehr verzichten. *Atmosphärisches und Illusionäres gehören immer dazu.*

■ Besucher von eventkulturellen Veranstaltungen wollen erst einmal unterhalten werden – und dies nicht allein, sondern unter vielen Menschen, die man dort trifft. Aus dem Wir-Gefühl inmitten vieler Gleichgesinnter kann sich schnell Massenbegeisterung entwickeln. Die Schaffung einer stimmungsvollen Atmosphäre mit ihren Attributen Live/Persönlich/Sinnlich/Sozial lässt die Erlebnisarmut des Alltags vergessen, fördert das ‚einmalige' Gemeinschaftserleben und versetzt die Besucher in eine Hochstimmung, die nachwirkt – auch über den Tag oder Abend hinaus. *In ihrer wirksamsten Form ist Eventkultur Faszination und Geselligkeit,* Wegbereiter für ein neues Kulturverständnis im Sinne der von UNESCO und Europarat geforderten *„popular culture".*

Aus der Sicht der Kritik darf aber auch nicht verschwiegen werden, dass die Eventkultur zunehmend einen ephemeren Charakter bekommt, also das beinhaltet, was in der italienischen Kulturdiskussion „effimero" genannt wird. Gemeint ist eine Kultur als Eintagsfliege zwischen Show- und Sensationseffekt, flüchtigem Kitzel und kurzlebigem Spektakel ohne Folgen: *Ein ephemeres, also eintägiges, kurzlebiges und unverbindliches Ereignis.* Medien neigen dazu, die Einzigartigkeit der Eventkultur herauszustellen, bei der man einfach *„dabeigewesen sein muss".* So wird Eventkultur mitunter als punktuelles Ereignis konsumiert, das keine nachhaltigen Spuren hinterlässt.

Die Eventkultur lebt von Themenwelten, Konsumwelten, Freizeitwelten: Sie fordern zu emotionalen und emotionalisierten, kultur- und gesellschaftskritischen Diskussionen heraus. Denn sie haben ja mit dem Lebens-Notwendigen nichts zu tun, verkörpern eher das Überflüssige des Lebens und fördern eine Konsumhaltung des Immer-Mehr/Immer-Höher/Immer-Weiter. Die *Grenzen zwischen Zusatznutzen und Nutzlosigkeit* sind dabei fließend. Ist die Eventkultur eine Antwort auf den unersättlich erscheinenden Erlebnishunger des modernen Konsumenten? Eine regelrechte *Mehr-Kultur* breitet sich aus (vgl.

*Las Vegas –
eine ganze
Stadt als
Kulisse*

Steinecke 2000, S. 17): BMW bietet „mehr als ein Auto", die Hotelkette Maritim „mehr als ein Hotel" und Lufthansa lockt mit „Miles & More".

Kritisch zu bewerten ist auch der *Trend zur Gigantomanie:* Anstelle von „Small is beautiful" heißt es „Big is beautiful". Freizeitgroßanlagen haben erhebliche Verdrängungseffekte für kleinere Anlagen zur Folge, die allenfalls noch Marktnischen besetzen können (vgl. Franck 2000, S. 35). Es ist kein Zufall, dass der Kulturkritiker Neil Postman in den *Papp-Attrappen von Las Vegas das neue „Sinnbild" unserer Zeit* sieht – mit der Gefahr, dass sich die Menschen ganz und gar der Unterhaltung unterwerfen und Eventkultur immer mehr die Form des Entertainments annimmt. Selbst Politik und Wirtschaft drohen, Anhängsel des Showbusiness zu werden. „Gott" ist dann nur noch mit denen, die als Politiker oder Unternehmer das Talent des Entertainers haben, also die Fähigkeit, andere zu unterhalten.

Wenn das öffentliche und private Leben nur noch einer endlosen Reihe von Unterhaltungsveranstaltungen gleicht, dann könnte die massenhafte Verbreitung der Eventkultur als Unterhaltungskultur tatsächlich zur realen Bedrohung für den einzelnen und die Gesellschaft werden. Doch davon sind wir in Deutschland noch weit entfernt: Zwei Drittel der Bevölkerung (63%) sind noch nie in einem Erlebnispark gewesen und 81 Prozent kennen Open-air-Events nur vom Hörensagen oder vom Fernsehen. Größer als die Gefahr, „sich zu Tode zu amüsieren" (Postman 1985), ist in Deutschland immer noch das Risiko, arbeitslos oder arm und von den Möglichkeiten der weitgehend kommerzialisierten Eventkultur ausgeschlossen zu werden.

6. „WIR SIND BEGEISTERT."
AUS DER SICHT DER BESUCHER

Als professioneller Kulturkritiker könnte man es sich leicht machen: Das kann nur Fassadenfirlefanz und Kitschinszenierung, Verführungs-Maschinerie und Instant-Tourismus, Hollywood und Walt Disney sein. Doch die Wirklichkeit sieht anders aus. *Viele Kritiker verwechseln Illusion mit Illusionierung. Die Besucher suchen die Illusionierung.* Der Massenansturm der Besucher zwischen Faszination, Begeisterung und Happiness zeigt deutlich: Die Abstimmung findet offensichtlich mit den Füßen statt. Die Besucher wollen sich unbeschwert treiben und unterhalten lassen und vor allem unbeschwert genießen. Die Folge: „Das Böse findet nicht statt".

Die Erlebnisindustrie verkauft Träume. Dabei geht sie von Wunsch- und Traumvorstellungen der Besucher aus (vgl. Scherrieb 1997, S. 26) wie z. B.:

■ *Bedürfnis nach Unterhaltung*
Die Besucher wollen einen „schönen Tag" haben, etwas Außergewöhnliches sehen und gut unterhalten werden.

■ *Wunsch nach Entspannung und Bequemlichkeit*
Bequem und ohne übermäßige körperliche Anstrengung möchten die Besucher abschalten und entspannen.

■ *Forderung nach Kontrasterleben*
Besucher wollen unter keinen Umständen an die Alltagswelt erinnert werden, sondern sie wollen für einige Stunden die Sorgen hinter sich lassen und in Kontrasterlebnissen geradezu baden.

■ *Sehnsucht nach Gemeinschaftserlebnissen*
„Mit" anderen, „mit" Familie und „mit" Freunden „inmitten" von Gedränge etwas erleben macht das Gemeinschaftserleben perfekt. Eine Art von Wir-Gefühl kommt auf.

■ *Wohlfühlen in schöner Natur*
Attraktion und Natur gehen eine Symbiose ein. Die Natur muss schön und sauber sein.

Die Anbieter von Traumwelten entwickeln ein eigenes Wohlfühlmanagement, in dem das Personal die Rolle des Gastgebers spielt. Aus Besucherbefragungen (vgl. Scherrieb 1997, S. 29) geht hervor, dass die Gäste beim

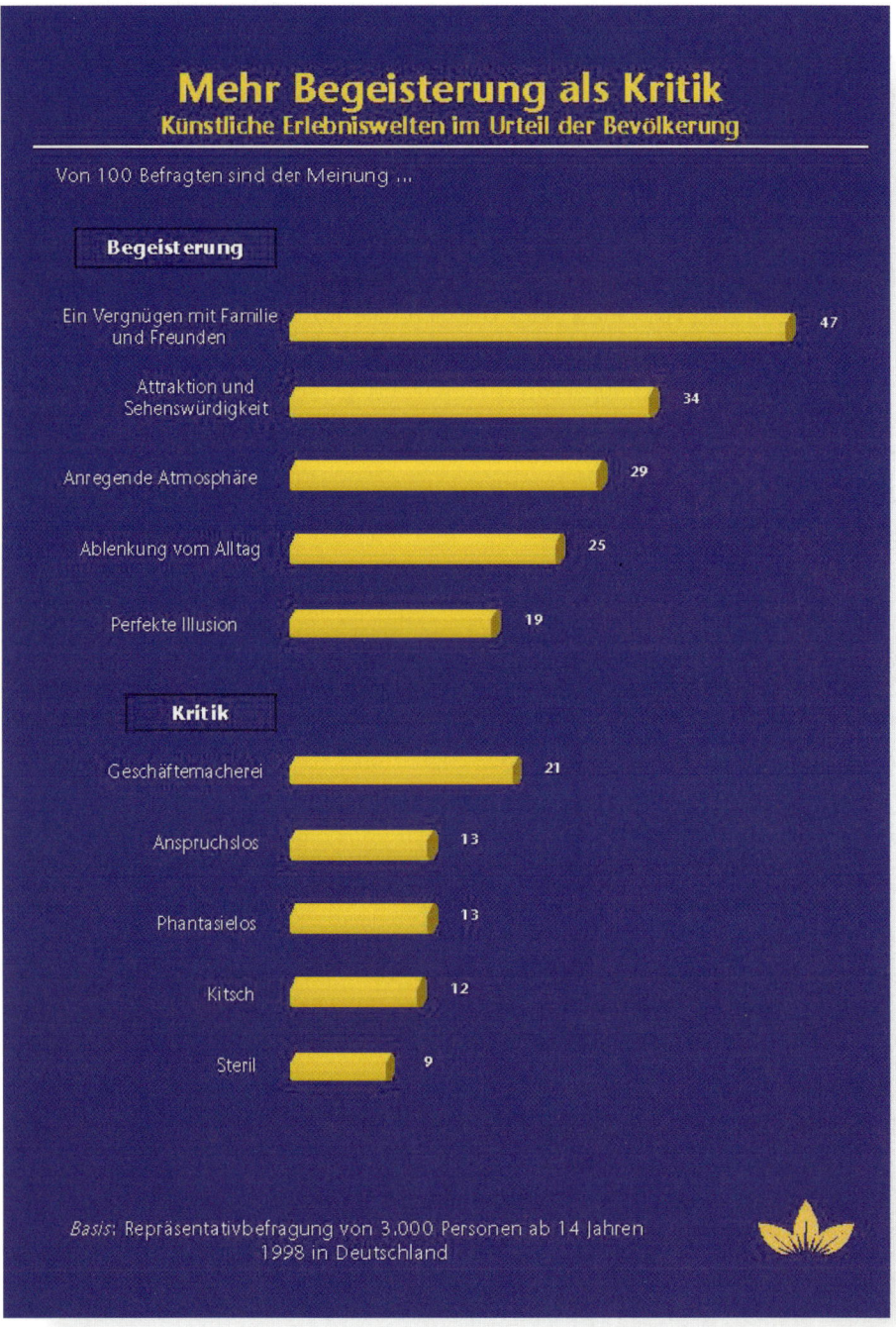

Mehr Begeisterung als Kritik
Künstliche Erlebniswelten im Urteil der Bevölkerung

Von 100 Befragten sind der Meinung ...

Begeisterung

Ein Vergnügen mit Familie und Freunden	47
Attraktion und Sehenswürdigkeit	34
Anregende Atmosphäre	29
Ablenkung vom Alltag	25
Perfekte Illusion	19

Kritik

Geschäftemacherei	21
Anspruchslos	13
Phantasielos	13
Kitsch	12
Steril	9

Basis: Repräsentativbefragung von 3.000 Personen ab 14 Jahren 1998 in Deutschland

Kontakt mit dem Personal sehr viel Persönliches, Atmosphärisches und Nonverbales im Blick haben wie z. B.

- Haltung, Gesten, Erscheinung, Gesicht, Augenkontakt (55%)
- Ton, Tonlage (38%)
- Worte, Wortwahl (7%).

So wird für positive Stimmung und emotionale Erlebnisse gesorgt, während gleichzeitig die Themenwelten Märchen oder Geschichten erzählen. Wie im Film oder Theater wird eine Szenenfolge arrangiert, die dem Besucher das Gefühl einer Reise geben.

An der Schwelle zum 21. Jahrhundert beginnt ein neuer Wettlauf der Erlebniswelten. Filmkulissen weisen mehr Besucher auf als echte Ruinen. Dennoch: Nur etwa jeder achte Besucher (12%) sieht in den Erlebniswelten eine *Kitschinszenierung*, fast viermal so vielen (47%) aber bereitet der Besuch ein echtes Vergnügen für die ganze Familie und für das gemeinsame Erleben mit Freunden.

Es wächst offensichtlich eine neue TV- und PC-Generation heran, die ganz selbstverständlich mit künstlichen und virtuellen Welten zu leben weiß. Jeder zweite Jugendliche im Alter von 14 bis 17 Jahren (50%) bewundert die künstlichen Attraktionen als „erlebbare Sehenswürdigkeiten" und fühlt sich in der „anregenden Atmosphäre" ausgesprochen wohl.

So unterschiedlich in der öffentlichen Diskussion die Urteile über die Neuen Erlebniswelten auch ausfallen mögen, das Votum der Bevölkerung ist relativ eindeutig: *Auf einen Kritiker kommen zwei begeisterte Besucher.* Die Repräsentativumfrage des BAT Freizeit-Forschungsinstituts weist nach: Jeder vierte Bundesbürger (25%) lobt die gelungene *Ablenkung vom Alltag,* die man hier wie sonst kaum irgendwo finden kann. Und etwa jeder fünfte Befragte (19%) ist von der *perfekten Illusion* geradezu begeistert: „Man ist verzaubert und losgelöst." Die Rechnung der Bild-Ingenieure geht auf: Die gebotene Imagination ist meist beeindruckender als die Wirklichkeit. Die Besucher fühlen sich in eine Traumwelt versetzt, die bewusst nicht an die wirkliche Welt erinnert.

Andererseits sind Besucher auch Realisten. 21 Prozent der Befragten entlarven das Angebot als das, was es auch ist: *Geschäftemacherei.* Den Vorwurf der totalen Kommerzialisierung machen insbesondere ·Befragte mit höherer Bildung (Hauptschulabsolventen: 19% – Universitätsabsolventen: 38%). Aber auch höhere Bildung hält die meisten nicht davon ab, sich in solchen Einrichtungen unterhalten zu lassen. Jeder sechste Universitätsabsolvent (17%) kritisiert zwar den Freizeitparkbesuch als eine *Form phantasieloser Freizeitgestaltung.* Mehr als doppelt so viele (44%) aber finden an dem Familienvergnügen und dem gemeinsamen Spaß mit Freunden Gefallen.

Ob Konsumtempel oder Vergnügungsstätte, Fassadenfirlefanz, Zeittotschlagmaschine oder Trendimmobilie: Der Streit der Meinungen wirkt sich kaum auf das Urteil und die Entscheidung der Besucher aus: Traumnoten für Traumwelten sind angesagt. Open-air-Events von Michael Jackson über die Rolling Stones bis zu den drei Tenören werden mit der Traumnote „1,5" bewertet, wobei „1" die Meinung *„Ich bin begeistert"* bedeutet. Überdurchschnittlich gute Noten erhalten auch das Musical (1,6), das Großkino/Multiplex (1,7), die Erlebnisbadelandschaft (1,8) sowie der Freizeit-/Erlebnispark (1,9). Mit etwas Abstand folgt die Bewertung der Erlebniseinkaufscenter (2,2) – von der erlebnisorientierten Einkaufspassage bis zum Urbain Entertainment Center (UEC), einer Mischung aus Erlebnishandel, Themengastronomie und besonderen Freizeitattraktionen.

Einzelne Bevölkerungsgruppen setzen ganz unterschiedliche Akzente: Großkinos werden von den 14- bis 17-jährigen Jugendlichen am besten bewertet, Open-air-Events von den jungen Leuten im Alter von 18 bis 24 Jahren. Von Musicals sind kinderlose Paare am meisten begeistert. Und die Einkaufserlebniscenter werden von den Ruheständlern als abwechslungsreiche Kommunikationszentren besonders geschätzt. Die Erlebniswelten sind auch Fluchtburgen für Menschen, die der Langeweile und Einsamkeit zu Hause entfliehen wollen. Hier finden sie nicht selten das, was in vielen Großstädten und Ballungszentren zunehmend vermisst wird: Sauberkeit, Sicherheit und Freundlichkeit des Personals.

Andererseits muss auch realistisch und relativierend darauf hingewiesen werden, dass die Erlebniswelten in Deutschland *„noch" ein Minderheitenprogramm* darstellen: Die überwiegende Mehrheit der Bevölkerung hat noch nie ein Musical (79%), ein Großkino (74%), eine Erlebnisbadelandschaft (66%) oder einen Freizeit-/Erlebnispark (63%) besucht. Auf der Suche nach den Gründen geben beispielsweise zwei von fünf Befragten (41%) an, der Besuch eines Freizeit-/Erlebnisparks sei „nichts für mich". Fast jeder fünfte (18%) verweist auf die mangelnde Wohnortnähe. Und nur jeder elfte Nichtbesucher (9%) nennt finanzielle Gründe: „Das ist zu teuer." Eine durchaus ernüchternde Bilanz, die vorschnelle Kritiker vor Überschätzung bewahren sollte.

Musical – Kultur und Kommerz

Die Erlebniswelten sind Konsumwelten, d. h. sie sprechen die Besucher in erster Linie als Konsumenten an. Ergänzende soziale Dienstleistungen sind dabei nur ein Vehikel, um die Zufriedenheit und das Wohlgefühl der Besucher zu erhöhen. Dies erklärt auch die relative Hilflosigkeit kommunaler Behörden gegenüber solchen kommerziellen Erlebniswelten, weil sie ein Tabu brechen: Ihre Angebote sind nicht etwa für alle da, sondern *„nur für die, die Geld ausgeben können"* (Romeiss-Stracke 2000, S. 77). Das klingt nicht gerade nach Sozialfürsorge oder sozialer Gerechtigkeit. Daraus folgt: Die Erlebniswelten sind in erster Linie für die Unterhaltung und den Erlebniskonsum da. Sie wollen Entertainment Center und kein Ersatz für fehlende soziale Einrichtungen oder soziale Dienstleistungen sein.

Unter ökologischen Gesichtspunkten haben die Erlebniswelten *zwei Gesichter:* Einerseits sorgen sie für eine Konzentration der Verkehrsströme, so dass die übrigen Natur- und Landschaftsflächen unbeeinträchtigt bleiben. Andererseits gelten sie als *autoorientiert* (vgl. Hennings 2000, S. 72): Sie sind meist mit anderen Verkehrsmitteln kaum erreichbar, d. h. die Erreichbarkeit mit dem privaten Pkw gilt geradezu als unverzichtbarer Erfolgsfaktor. Das trifft für Eurodisney in Paris genauso zu wie für den Europa-Park in Rust oder das CentrO in Oberhausen. Andernfalls wäre ihre Wirtschaftlichkeit bedroht. Für die Neuen Erlebniswelten gilt also: *eingeschränkt umweltfreundlich.*

Dennoch: Die Befragungsanteile in absoluten Zahlen hochgerechnet ergeben ein beeindruckendes Gesamtbild. Von allen Bundesbürgern über 14 Jahren haben bisher 12 Millionen Open-air-Events besucht, 13 Millionen Musicals und 16 Millionen Großkinos. 22 Millionen halten sich zeitweilig in Erlebnisbade-landschaften auf, 23 Millionen in Freizeitparks und 26 Millionen flanieren regel-mäßig in Erlebniseinkaufscentern.

7. „PROMIS. ATMO. ENTERTAINMENT."
WAS ERLEBNISKONSUMENTEN WOLLEN

Auf repräsentativer Basis wurden 3.000 Personen ab 14 Jahren mit fol-gender Fragestellung konfrontiert: „Viele Städte und Gemeinden bieten zur Sommerzeit oder zu speziellen Anlässen (z. B. Stadtfesten, EXPO 2000) besonde-re *kulturelle Veranstaltungen und inszenierte Ereignisse* an, also sogenannte ‚*Events'* *vom Festival bis zum Open-air-Konzert.* Was erwarten Sie von einem solchen Ereignis, so dass auch Sie bereit wären, dort hinzugehen?"

Das Ergebnis: Interesse und Bereitschaft zu einem Besuch signalisieren über drei Viertel der Bevölkerung (78%). Innerhalb der einzelnen Lebensphasen zeigen sich vor allem Singles (83%) sowie Familien mit Kindern (83%) an einem Besuch interessiert, während sich Ruheständler, also Rentner und Pensionäre (68%) deutlich zurückhaltender äußern. Das größte Interesse melden *Leitende Angestellte/Manager (91%)* an. Keine andere Bevölkerungsgruppe zeigt mehr Besuchsbereitschaft als sie.

Qualität hat seinen Preis. Der Besuch eines solchen Events gehört schließlich nicht zum lebensnotwendigen Versorgungskonsum, sondern ist wesentlich im Erlebniskonsum angesiedelt, den man sich auch leisten können muss. Mit dem höheren Haushaltsnettoeinkommen wächst auch das Besucherinteresse. 87 Prozent der Bezieher von *Einkommen über 5.000 DM* mel-den die höchsten Besucherinteressen an. Aber auch untere Einkommensgruppen (unter 3.500 DM Haushaltsnettoeinkommen) wären mehrheitlich (75%) bereit, die Oper zu besuchen.

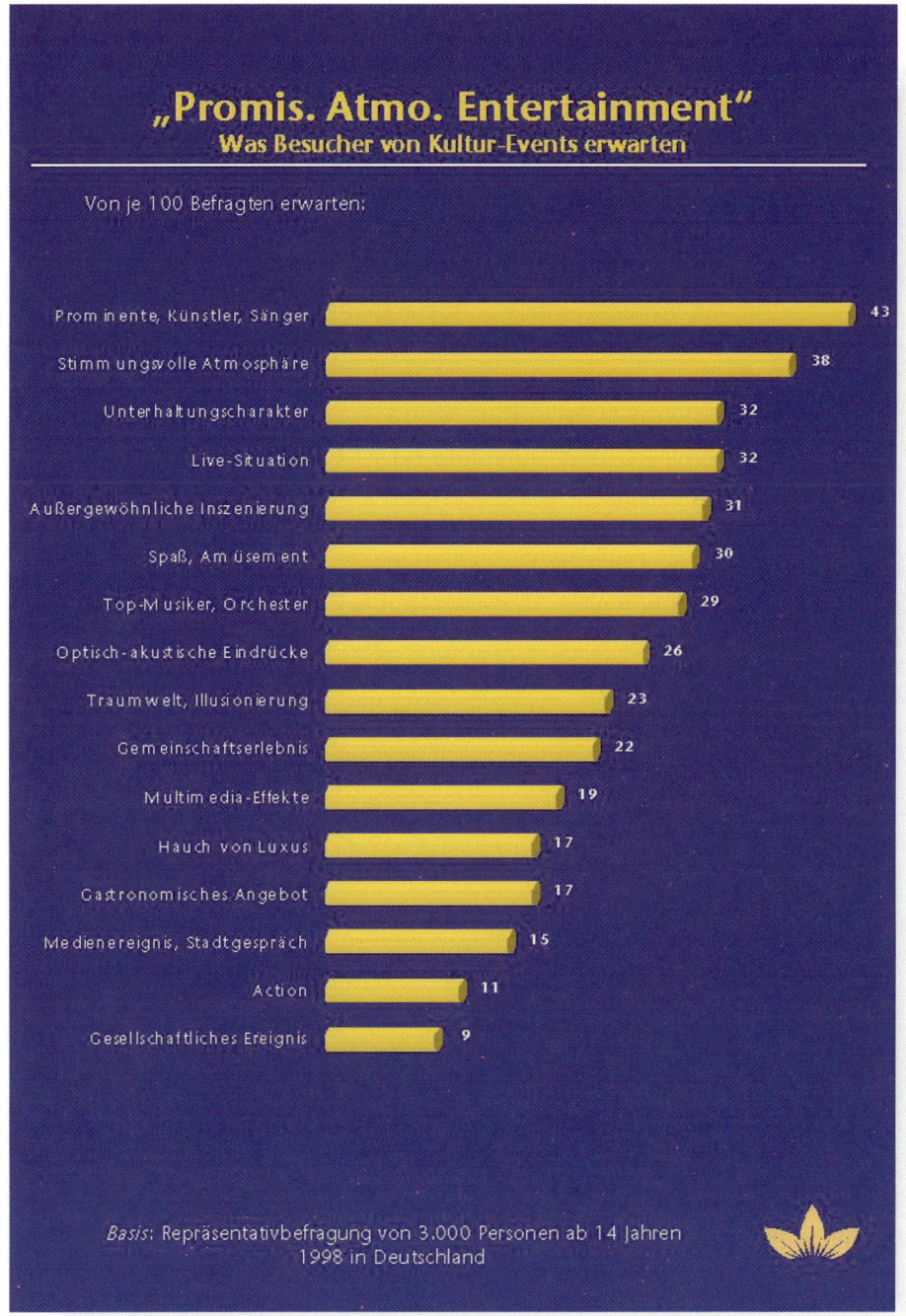

„Promis. Atmo. Entertainment"
Was Besucher von Kultur-Events erwarten

Von je 100 Befragten erwarten:

Prominente, Künstler, Sänger	43
Stimmungsvolle Atmosphäre	38
Unterhaltungscharakter	32
Live-Situation	32
Außergewöhnliche Inszenierung	31
Spaß, Amüsement	30
Top-Musiker, Orchester	29
Optisch-akustische Eindrücke	26
Traumwelt, Illusionierung	23
Gemeinschaftserlebnis	22
Multimedia-Effekte	19
Hauch von Luxus	17
Gastronomisches Angebot	17
Medienereignis, Stadtgespräch	15
Action	11
Gesellschaftliches Ereignis	9

Basis: Repräsentativbefragung von 3.000 Personen ab 14 Jahren
1998 in Deutschland

Promis. Atmo. Entertainment: Auf diesen Nenner lässt sich verkürzt das Besucherinteresse bringen. Erwartet werden in erster Linie

- Prominente Künstler und Sänger (43%)
- Stimmungsvolle Atmosphäre (38%)
- Unterhaltungscharakter (32%)
- Live-Situation (31%).

Die Besucher suchen den Einmaligkeitscharakter, wollen Künstler „live", fast hautnah erleben und das in einem atmosphärischen Umfeld, das stimmungsvoll ist. Wesentlich ist bei einem populären Kulturarrangement auch der Unterhaltungscharakter.

Die wichtigsten Besucherwünsche lassen sich mit zwei Worten umschreiben: Prominenz und Stimmung oder *„Stars & Flair".* Das macht den besonderen Event-Charakter aus. Hier kann man prominente Künstler und Sänger „zum Anfassen" aus unmittelbarer Nähe im Zirkuszelt erleben. Das ist *Anfasskultur* pur. Dies gilt insbesondere für Familien mit Kindern, deren Besucherwünsche in besonders starkem Maße auf Stimmung, Atmosphäre und Stars ausgerichtet sind.

„Entführt uns in ein anderes Leben". So lässt sich die Erwartungshaltung von Familien mit Kindern umschreiben, die mit dem Besuch eines Events den Wunsch nach Illusionierung verbinden. Ein Gefühl wie im Urlaub und eine Atmosphäre zum Träumen. Und immer live dabei. Im Vergleich zur übrigen Bevölkerung legen Familien mit Kindern besonderen Wert auf atmosphärische Details wie z. B.

- Multimedia-Effekte (+6 Prozentpunkte)
- Optisch-akustische Eindrücke (+4)
- Flair des Besonderen (+6)
- Traumwelt (+5).

Dabei darf der Spaß nicht zu kurz kommen (+6) und auch Action ist gefragt (+4). Erwartet wird eine kulturelle Attraktion, bei der man sich wohlfühlen, viel sehen und erleben kann. Die Erwartungen sind hoch. *Live, sinnlich und gesellig:* darauf konzentrieren sich die Erwartungen. Gewünscht wird ein Top-Ereignis, das die Besucher in Hochstimmung versetzt, die nachwirkt – auch über den Tag und Abend hinaus.

8. „EIN STÜCK VOM GLÜCK."
EVENTS ALS NEUE KULTURFORM

Die Eventkultur verkörpert ein *neues Kulturverständnis* an der Schwelle zum 21. Jahrhundert. Früher „hatten" wenige Kultur, heute und in Zukunft können viele Kultur „erleben". In der Kulturelite früherer Zeiten grenzten sich die Aristokraten von den Bürgern, die Gebildeten von den Proletariern ab. Kultiviertheit war ein Statussymbol, galt als Ausweis, Etikett und Abgrenzungsmerkmal gegenüber der Masse. Im Zuge des Wandels von der Hoch- zur Massenkultur ist auch die Eventkultur entstanden.

Eventkultur umschreibt heute die ganze Bandbreite vom anspruchsvollen Kulturangebot bis zur Massenkultur im Umfeld von Unterhaltung, Zerstreuung und Erlebniskonsum. In dem Maße, in dem die moderne Industriegesellschaft den Menschen massenhaft *mehr Zeit, mehr Wohlstand und mehr Bildung* zur Verfügung stellt, entwickelt sich auch ein Zeitalter der Eventkultur, in dem sich *E*-(rnst)- und *U*-(nterhaltungs)-Bereich vermischen (vgl. z. B. „Infotainment", „Edutainment", „Shoppertainment"). Warenkonsum, Erlebniskonsum und Kulturkonsum lassen sich kaum mehr voneinander trennen, zumal Wirtschaft und Industrie in Produkt-Werbung und Promotions-Marketing gezielt und verstärkt mit kulturellen Elementen und kulturellem ‚Zusatznutzen' arbeiten.

Und was früher nur wohlhabenden Schichten möglich war, nimmt jetzt massenhaft zu. Kulturpessimisten mögen auf den ersten Blick die kommerzielle Verwertung der Kultur beklagen und sie als Trivialkultur brandmarken. Doch dabei übersehen sie: *Kultureinrichtungen sind schon immer Unterhaltungseinrichtungen gewesen* – mit einem wesentlichen Unterschied: Sie standen früher nur der privilegierten Adelsschicht offen, die beides hatte, was zur Kultur nötig war: Das mäzenatische Geld und die nötige Zeit (die damals noch „Muße" hieß, vgl. Karasek 1971, S. 42). Die meisten traditionellen Kultureinrichtungen stehen heute noch da, wo sie sich die Adligen meist hinsetzten. Wien, Florenz und München, russisches Ballett und Comédie Française verdanken ihre Entstehung und Erhaltung kulturell ambitionierten Fürstenhäusern. Heute und in Zukunft sind Konzertbesuche eine Begleiterscheinung des Massenwohlstands. Erstmals in der Geschichte der Menschheit kann die ganze Breite einer Gesellschaft ihre kulturellen Bedürfnisse befriedigen: Von der Akropolis in Athen über das Forum Romanum in Rom bis zum Tivoli in Kopenhagen und Euro Disney bei Paris.

Die Eventkultur trägt wesentlich zur *Entmythologisierung des traditionellen Kulturverständnisses* bei und schafft Voraussetzungen für den Abbau von Zwängen (z. B. Garderobenvorschriften), Ängsten (z. B. Angst vor Überforderung) oder Sprachbarrieren (z. B. Bildungszwang). Damit wird breiten Schichten der Bevölkerung die Schwellenangst vor der Kultur genommen.

Die soziale Dimension, d. h. die Qualität des Zusammenseins und des Gemeinschaftserlebnisses, stellt ein wesentliches Bestimmungsmerkmal der Eventkultur dar. Erlebnispsychologisch gesehen werden Konzertbesuche als traditionelle Kultur („reine" Bildung) empfunden, wenn sie allein genossen werden. *Eventkultur beginnt mit dem Unterhaltungswert,* wenn also eine kulturelle Veranstaltung in Gesellschaft erlebt wird. Das Miteinander-Sehen, -Hören und -Reden gibt der Kultur eine interessante Facette, „entstaubt" Kultur und macht sie zur Erlebniskultur. In der Eventkultur kommt das Persönliche nicht zu kurz. Sie wirkt wie eine *Anfasskultur,* die alle „berührt".

Natürlich ist die neue Eventkultur auch eine Art *Kulissenwelt wie das Theater,* das als gelungene Inszenierung die Zuschauer fasziniert, illusioniert oder politisiert, das aber auch etwas vorspielen oder vorspiegeln kann, was es in Wirklichkeit gar nicht gibt. Die Zuschauer durchschauen den Kulissencharakter und finden ihn dennoch schön. Die Frage „facts oder fiction?", „gut oder schlecht?" ist dabei falsch gestellt. Die Unterscheidung zwischen der Hochkultur und der Kulissenwelt ist im 21. Jahrhundert fragwürdig geworden. Auch Kultursoziologen können heute nicht mehr sagen, was eigentlich die verbindliche Grundlage für Niveau oder guten Geschmack ist. „Was unterscheidet die Kulturbeflissenen von den Fernsehsüchtigen, den Motorsportbegeisterten, den Fußballfans, den Volksmusikfreunden und den Internetfreaks?" (Schulze 1999, S. 88). Das Zeitalter der Eventkultur lebt vom *kollektiven Erlebnishunger.*

Vielleicht ersetzt die neue Eventkultur die alte Ritualkultur: Rituale gelten als veraltet, verstaubt und überholt, Events hingegen als innovativ, kreativ und ereignisreich (vgl. Schilson 1999, S. 20). Alte Bräuche überleben sich, inszenierte Ereignisse hingegen vermitteln den Eindruck des permanent Neuen.

Zwischen Olympia und Verona
Sozialstruktur der Besucher sportlicher und kultureller Events

In den vergangenen zwölf Monaten haben **Großveranstaltungen im Bereich von Sport und Kultur besucht:**

Gesamtbevölkerung

Alle Befragten	43

Geschlecht

Frauen	34
Männer	53

Alter

14 bis 34 Jahre	59
35 bis 54 Jahre	48
55 Jahre und älter	24

Beruf

Arbeiter	52
Angestellte	51
Beamte	54
Leitende Angestellte	64
Selbständige	59

Basis: Repräsentativbefragung von 3.000 Personen ab 14 Jahren 1996 in Deutschland

„Events werden zu einer neuen Kulturform" (Schulz 1998, S. 312). Auch tradierte Kulturformen verändern dadurch ihr Gesicht. Aus der Oper Carmen wird (wie in Hamburg) „Carmen 2000" mit happy end – Carmen stirbt am Ende nicht. Und in New York hat Walt Disney die Hochkultur entdeckt: Elton John wurde mit einer Musical-Version der „Aida" beauftragt: Neonröhren leuchten in der Form von Pyramiden am Broadway. Das Remake von Guiseppe Verdis 129 Jahre alter „Aida" gleicht einer Seifenoper. Eine 15 Millionen Dollar teure Produktion will und soll die Grenzen zwischen hoher und populärer Kultur endgültig sprengen, zumal engagierte Stardirigenten wie Jimmy Levine und Kurt Masur bei Sonderkonzerten die dazu erforderlichen Weihen geben. Kultur wird als Event inszeniert und als Marktprodukt etabliert – mit kommerziellem Erfolg. Wird es eines Tages die Unterscheidung zwischen E und U nicht mehr geben, dafür aber eine neue *Aufspaltung in kommerzielle und nichtkommerzielle Kultur?*

Der *Aufbruch in das Eventzeitalter* erscheint jedenfalls unaufhaltsam. Trotz und gerade in Zeiten knapper Kassen will man viel erleben. Ein erlebnishungriges Publikum verlangt nach Immer-Mehr. Es muss etwas passieren. Im persönlichen Leben wird es immer schwieriger, sich dem *Erlebnisboom* zu entziehen: Selbst die Arbeitswelt wird zur Erlebniswelt, das Wohnzimmer zum *Erlebnisraum,* das Schwimmbad zum *Erlebnisbad,* das Zusammensein mit Freunden zum *Gruppenerlebnis* und ein *erlebnisarmer Urlaub* gilt geradezu als verlorene Lebenszeit. Wird am Ende dieser Entwicklung das Leben selbst zu einem einzigen Erlebnis?

Die Zeit ist subjektiv so wertvoll geworden, dass sie einfach „genutzt" werden muss – um möglichst viel zu erleben. Weder der Drang ins Grüne oder Freie noch der Wunsch nach Orts- oder Tapetenwechsel motiviert die Menschen am meisten zu massenhafter Mobilität. Was nach Meinung der Bevölkerung das Mobilitätsbedürfnis nach Feierabend und am Wochenende am ehesten erklärt, ist die *Angst, etwas zu verpassen.* Die Philosophie des Erlebniskonsumenten lautet: „Ich will. Ich will es haben. Ich habe es mir verdient." Die entscheidende Motivation ist nicht der Bedarf, sondern der Wunsch nach Sichverwöhnen-wollen.

Findet das Paradies in Zukunft nur noch als Inszenierung in einer Entertainment-Gesellschaft statt? Allein im amerikanischen Animal Kingdom können die Gäste an einem einzigen Tag mehr „echte" Tiere und Tierarten (200!) sehen als in Afrika auf einer mehrwöchigen Safari. Paradiesische Zustände für Erlebniskonsumenten, die keine Zeit zu verlieren haben. Denn der König der Löwen räkelt sich immer fotogen auf einem Felsen – weil der Felsen im Sommer gekühlt und im Winter beheizt wird.

Resümee: *Event im Trend.* Ein Zeitalter der Eventkultur beginnt, bei dem auch Kultur und Bildung auf Events nicht mehr verzichten können, weil Hotellerie und Gastronomie, Reisebüros und -veranstalter zum Antriebsmotor werden. Den Besuchern vermittelt das *Bericht- und Erzählbare* mehr Sozialprestige als das Sicht- und Vorzeigbare wie z. B. bei der Kleidung oder dem Auto. Ein „Muss" für viele, eine gelungene Kombination von *Sightseeing und Lifeseeing,* wo sich etwas ereignet, das man gesehen und erlebt haben muss.

EXPO 2000 ALS MEGA-EVENT.
EIN FALLBEISPIEL

TEIL 4

1. „GRÖSSER. BESSER. SENSATIONELLER?"
WELTAUSSTELLUNGEN IM WANDEL DER ZEIT

Was haben England, Frankreich und die USA, was Deutschland nicht hat? Sie haben in den letzten hundertfünfzig Jahren dutzendfach Weltausstellungen organisiert, Deutschland noch nie. Die EXPO 2000 in Hannover ist die erste Weltausstellung in Deutschland. Und sie ist das erste globale Ereignis des neuen Jahrtausends. Neudeutsch: ein Mega-Event, bei dem sich 192 Nationen und Organisationen präsentieren.

Die EXPO 2000 verdankt ihre Existenz einer *historisch wie politisch günstigen Konstellation.* Denn am 14. Juni 1990 war es zur ersten Kampfabstimmung in der Geschichte der Weltausstellungen gekommen. Venedig hatte im letzten Moment seine Kandidatur zurückgezogen. Im Rennen blieben lediglich Toronto und Hannover.

Ungewöhnliche Architektur bei der Weltausstellung in Brüssel

Vier Monate vor der deutschen Vereinigung gab die DDR mit ihrer Stimme durch die Übergangsregierung de Maizière den Ausschlag. Hannover erhielt denkbar knapp den Zuschlag mit 21 zu 20 Stimmen gegen Toronto.

Die EXPO 2000 in Hannover ist ein globales Publikumsereignis. Bis zu 40 Millionen Besucher aus aller Welt werden erwartet. Die EXPO gleicht der größten Mediaparty der Welt. 23.000 Journalisten berichten regelmäßig über die 18.000 Veranstaltungen an 153 Tagen: Kamerateams und Fotografen werden mit umweltfreundlichen Elektro-Caddies regelrecht zu ihren Terminen „gekarrt."

Zur ersten am 1. Mai 1851 in London eröffneten Weltausstellung kamen damals sechs Millionen Besucher – ohne Auto, ohne Flugzeug und ohne ICE. Der dazu geschaffene Kristallpalast war elfmal größer als der Kölner Dom. Nicht erst heute, sondern schon vor 150 Jahren waren *Zukunftseuphorien* angesagt – meist allerdings als technologische und architektonische Renommierausstellungen zwischen „*Megatempeln* des Industrialismus" (Willi Boelcke) und „*Wallfahrtsstätten* zum Fetisch Ware" (Walter Benjamin).

Der 1. Mai 1851 stellte zugleich ein *Novum in der Geschichte* dar. Noch nie waren so viele Nationen und Menschen an einem Ort zusammengekommen wie auf der ersten Weltausstellung in England. Der Londoner Kristallpalast fand schnell seine Nachahmer. Die Weltausstellung wirkte geradezu als Impulsgeber für neue Konzepte und Konstruktionen. Allein in Deutschland entstanden in den folgenden Jahren in Dresden (1852), Berlin (1858) und Hannover-Herrenhausen (1879) Palmenhäuser und Wintergärten. Bereits vier Jahre nach der ersten Weltausstellung in London versuchte Napoleon III. 1855, die Briten zu übertreffen: Seine *Future-Inszenierung* konzentrierte sich auf das Palais de l'Industrie, einer Mischung aus Stahlskelett und steinerner Fassade.

Weltausstellungen waren immer schon der Zeit voraus:
- Zu den Klängen von Händels „Messias" wurde 1851 die erste Weltausstellung in London eröffnet: Die Besucher konnten einen ungewöhnlichen Vorboten des Industriezeitalters bestaunen: die *Dampfmaschine.*
- 1876 wurde auf der EXPO in Philadelphia ein krächzendes Gerät zur Stimmübertragung vorgeführt: das *Telefon.*
- Im Jahre 1900 präsentierte die EXPO in Paris erstmals ein neues Medikament aus Farbstoffen: genannt *Aspirin.*
- 1933 auf der EXPO in Chicago machte eine flimmernde Kiste auf sich aufmerksam: das *Fernsehen.*

■ Und 1958 wurde auf der EXPO in Brüssel eine fliegende Hundehütte gezeigt: der *Sputnik*.

Seit 150 Jahren pilgern Millionen von Menschen regelmäßig zu solchen Weltausstellungen, um die jeweils neuesten Errungenschaften kennenzulernen, bevor sie massenhaft Wirklichkeit werden. Was wird das Wunder von Hannover sein? Das wird es sicher nicht geben. Aber von der EXPO 2000 können vitale Impulse für die technologische, wirtschaftliche und soziale Weiterentwicklung im 21. Jahrhundert ausgehen.

Schon auf der Weltausstellung 1867 in Paris machten auch die Deutschen durch die Präsentation von Industrieneuheiten auf sich aufmerksam:

■ So wurde z. B. eine kleine Flasche mit der Aufschrift „Maag Bitter" gezeigt. Diese *Underberg*-Flasche gilt bis heute als das älteste deutsche Produkt, das jemals auf einer Weltausstellung gezeigt wurde.

■ Die *Gebrüder Thonet* führten damals ihren Demonstrations-Sessel vor, der aus einem elf Meter langen Stück Buchenholz gebogen war.

■ Die Firma *Singer* war mit ihren Nähmaschinen vertreten – vor über 120 Jahren.

Und für Furore sorgte gar der Kölner Fabrikant *Franz Stollwerck* 1893 auf der Weltausstellung in Chicago. Er baute einen Rundturm mit einer überlebensgroßen Germania-Figur aus fünfzehn Tonnen Schokolade. Was also im Jahre 2000 der japanische Pavillon aus Papier sein wird, war damals der Tempel aus Schokolade.

Der Ehrgeiz „*Größer. Besser. Sensationeller*" ist bis heute ein Risiko für Weltausstellungen geblieben. Denken wir nur an die Weltausstellung 1889 in Paris – hundert Jahre nach der Französischen Revolution: Zu diesem Anlass wurde der Eiffelturm, das seinerzeit höchste Bauwerk, errichtet. Bei der Planung der EXPO 2000 ist verständlicherweise die Angst vor der Gigantomanie ein Grund dafür, warum man nicht unbedingt ein bzw. „das" Wahrzeichen der EXPO schaffen wollte. Zur Jahrtausendwende wurde eher die Losung ausgegeben: „*Einfach gigantisch – gigantisch einfach*".

Erinnert sei auch an die Weltausstellung 1937 in Paris, wo sich der deutsche und der russische Pavillon in monumentaler Größe gegenüberstanden. Auf der einen Seite ein aufragender Speer-Bau, gekrönt vom Reichsadler, auf der anderen Seite die gigantische Statue „Kolchosbäuerin und Arbeiter". Die Pariser

*Bei der Welt-
ausstellung
1889 war der
Eiffelturm
das höchste
Bauwerk
seiner Zeit*

Weltausstellung 1937 galt gerade-zu als *Konfrontation der ideologi-schen Systeme.* Hitlers Architekt Albert Speer schilderte später in seinen Erinnerungen, wie er die Idee des deutschen Pavillons ent-wickelte: „Zufällig verirrte ich mich bei einem Besuch in Paris in den Raum, in dem der geheimge-haltene Entwurf des Sowjet-pavillons ausgestellt war. Auf hohem Podest schritt eine Figurengruppe von zehn Metern Höhe triumphal auf den deut-schen Pavillon zu. Daraufhin ent-warf ich eine in schweren Pfeilern gegliederte kubische Masse, die diesen Ansturm aufzuhalten schien, während vom Gesims meines Turms ein Adler – mit Hakenkreuz in den Fängen – auf das russische Paar herabsah." Eine Vorahnung der Geschichte, zumal gleich nebenan der spanische Pavillon stand, für den Picasso sein *Guernica-Bild* anfertigte, sein leidenschaftliches Plädoyer gegen den Krieg. Das Jahr 2000 eignet sich für ideologische oder propagandistische Selbst-darstellungen nicht mehr.

Auf der Weltausstellung 1967 in Montreal erregte der deutsche Pavillon großes Aufsehen. Für ihre Arbeit erhielten die beiden Architekten Frei Otto und Rolf Gutbrod vom Internationalen Architektenverband (UIA) den Peret-Preis. Der Pavillon bestand aus einer *Zeltdachkonstruktion* – das Muster für das fünf Jahre später geschaffene Zeltdach des Münchner Olympiastadions 1972.

In der Präsentation der Veranstalter wie auch im Interesse der Besucher ist ein deutlicher Wandel feststellbar. Nicht mehr die industriellen Schaustücke faszi-nieren das Publikum, sondern eher die Nationenpavillons. Hier wurden und wer-den zunehmend *virtuelle Weltreisen* geboren. Schon vor hundert Jahren konnten die Besucher via Bildprojektionen mit einem Ballon aufsteigen oder eine Reise mit der Transsibirischen Eisenbahn unternehmen, während vor den Fenstern die

Landschaft und die wichtigsten Bahnhöfe vorbeizogen. Die beliebteste Attraktion der Pariser Weltausstellung im Jahr 1900 war jedoch das MAREORAM: Im Drehstuhl auf einem Promenadendeck erlebte der virtuelle Reisende eine Dampferfahrt von Marseille nach Istanbul. Durch das Wiegen des Schiffes und den salzigen, jodhaltigen Meereswind, der dem Reisenden ins Gesicht blies, wurde eine *fast perfekte Illusion* geschaffen – und das vor einem Jahrhundert.

Heute sind mehr *High-Tech-Illusionen* angesagt – so schon auf der letzten großen Weltausstellung 1998 in Lissabon. Das Motto hieß zwar „Die Ozeane – Erbe für die Zukunft", aber echtes Wasser spielte dabei kaum noch eine Rolle. Das vermeintliche Wasser floss in virtuellen Strömen aus Computerbildschirmen. Und auch im deutschen Pavillon wurden die Besucher virtuell von einer Station hundert Meter unter dem Meeresspiegel durch den Ozean geschickt, bis sie sieben Minuten später auf einer grünen Wiese bei Hannover landeten – dem nächsten EXPO-Ort natürlich.

Aus der Sicht der Bevölkerung hat die EXPO 2000 mehr mit Information, Bildung und Unterhaltung (Info- und Edutainment) als mit „Vergnügen pur" oder Disneyland zu tun. *Mit steigendem Bildungsgrad wächst auch das Interesse an einem Besuch der Weltausstellung in Hannover.* Nur etwa 8 Prozent der Haupt- und Volksschulabsolventen finden die EXPO so interessant, dass sie sie in diesem Jahr „auf jeden Fall besuchen wollen." Dreimal so hoch (24%) ist hingegen der Anteil der Interessenten mit höherem Schulabschluss. Und für gut ein Drittel aller Universitätsabsolventen (37%) scheint der EXPO-Besuch fast ein „Muss" zu sein. Die öffentlichen Diskussionen und Kontroversen um das Leitthema der EXPO „Mensch-Natur-Technik" haben offensichtlich das Interesse der *Info-Elite* an einem EXPO-Besuch mehr gefördert als gebremst. Vielleicht fühlen sich Skeptiker und Kulturkritiker in besonderer Weise von dem Weltereignis angezogen.

15 Prozent der Gesamtbevölkerung ab 14 Jahren haben die Absicht bekundet, auf jeden Fall nach Hannover zu kommen. Und das zu einer Zeit (Befragungszeitraum 10. bis 25. Februar 2000), da die bundes- und weltweite Werbung gerade erst begonnen hatte. Dies allein sind schon *rund 10 Millionen Besucher aus dem Inland,* die wenigstens einmal die Weltausstellung besuchen wollen. Dabei sind Familien mit Kindern unter 14 Jahren noch gar nicht berück-

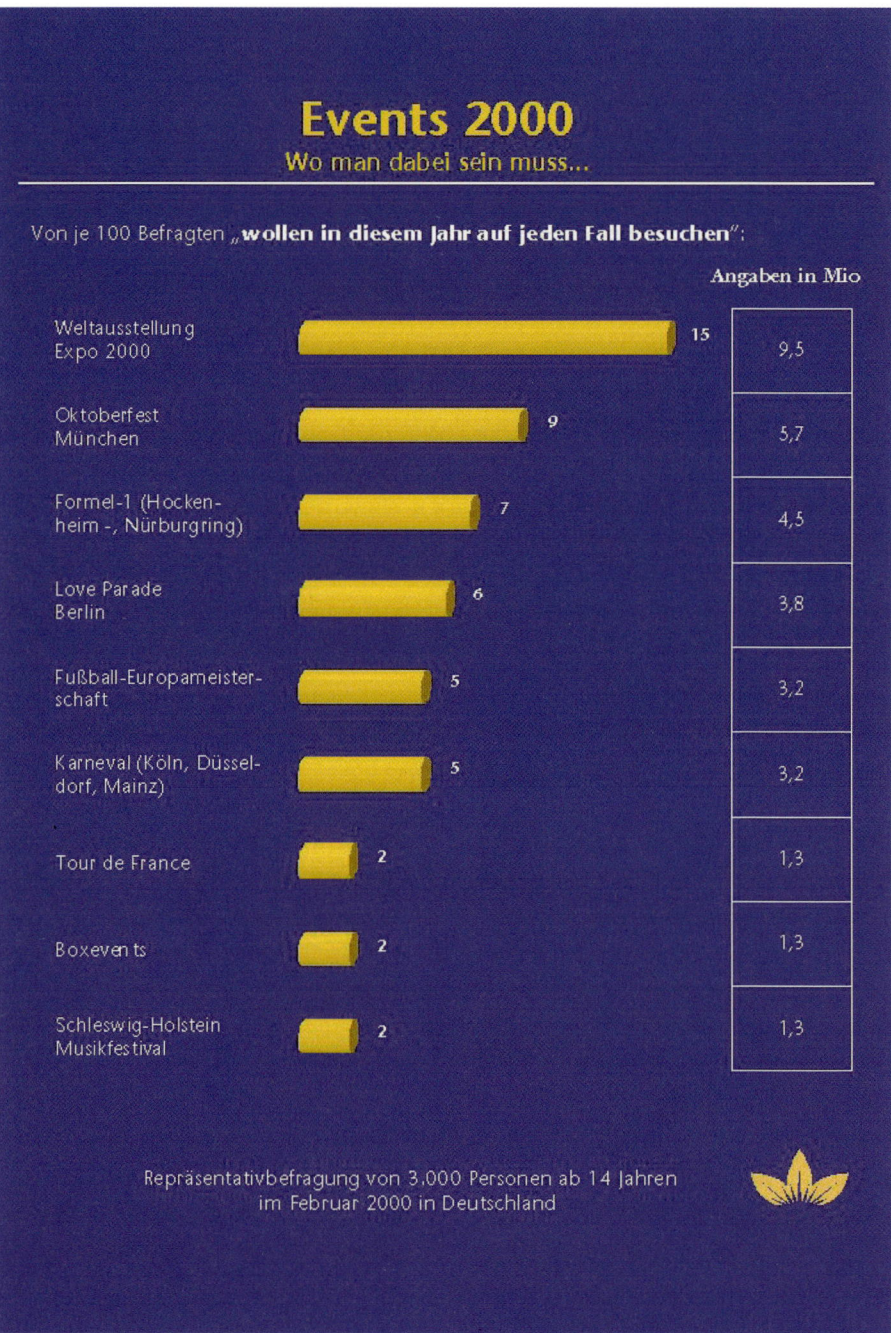

Events 2000
Wo man dabei sein muss...

Von je 100 Befragten „**wollen in diesem Jahr auf jeden Fall besuchen**":

Angaben in Mio

Event		Angaben in Mio
Weltausstellung Expo 2000	15	9,5
Oktoberfest München	9	5,7
Formel-1 (Hockenheim -, Nürburgring)	7	4,5
Love Parade Berlin	6	3,8
Fußball-Europameisterschaft	5	3,2
Karneval (Köln, Düsseldorf, Mainz)	5	3,2
Tour de France	2	1,3
Boxevents	2	1,3
Schleswig-Holstein Musikfestival	2	1,3

Repräsentativbefragung von 3.000 Personen ab 14 Jahren
im Februar 2000 in Deutschland

sichtigt. Unter Einbeziehung der Familien mit Kindern, der Schulklassen und insbesondere der Mehrfachbesucher, die in der Region wohnen oder einen EXPO-Besuch zum Kurzurlaubsziel machen, werden etwa 20 bis 30 Millionen Inlandsbesucher nach Hannover kommen. Die EXPO rechnet insgesamt mit bis zu 40 Millionen Besuchern aus aller Welt. Eine durchaus realistische Vorgabe und Prognose. In Spitzenzeiten können sich etwa 370.000 Personen auf dem EXPO-Gelände aufhalten. Dann entfallen auf jeden Besucher etwa vier Quadratmeter Fläche – auf dem Oktoberfest in München ist es deutlich enger.

Die Frage *„Wie ernst können Themen bei einer Weltausstellung überhaupt sein?"* wird durch die Besucherschaft selbst beantwortet. Wer nur fun sucht, kommt auf seine Kosten. Und wer sich ernsthaft mit Zukunftsproblemen auseinandersetzen will, findet in Hannover ein Forum für Informationsaustausch, für Lösungsansätze, aber auch für offene Fragen vor.

2. DIE NATIONEN:
EINE WELTREISE IN DAS NÄCHSTE JAHRHUNDERT

Atomium. Kristallpalast. Eiffelturm. Seit jeher haben Weltausstellungen durch ungewöhnliche Architektur auf sich aufmerksam gemacht. Gilt dies auch für 2000? Kann in der EXPO-Architektur überhaupt noch Innovatives geboren werden angesichts rigider deutscher Bauvorschriften, deren Schreckensszenarien mehrere Risiken gleichzeitig auf sich vereinigen – also: höchste Schneelast + Sturmtief + drei Dachdecker auf dem Dach usw. Die Japaner planen z. B. einen *Papier-Pavillon.* Für das deutsche Planungsrecht eine fast unlösbare Aufgabe. Was passiert, wenn er brennt? „Dann ist er danach eben weg" sagen die Japaner einfach. Nach deutschem Baurecht müsste jedoch die Planung eines solchen Projekts mindestens zehn Jahre in Anspruch nehmen. Daraus folgt: Die EXPO 2000 muss auch *ein Stück bürokratiefreie Zone* werden, ohne dass die Sicherheit darunter leidet. Die Japaner sind jedenfalls konsequent. Ihr Gebäude aus Papier wird nach EXPO-Ende einfach recycelt und zu Schulheften weiterverarbeitet – ohne Industriemüll und ohne giftige Rückstände. Die Japaner nennen dieses Prinzip die *Wiederentdeckung der Weisheit* der Natur.

■ Das kleine *Nepal* möchte sich der Welt mit hinduistischer Tempelarchitektur, traditionellen Gärten und einem kleinen See präsentieren. Die Materialien für den Himalaya-Pavillon wurden von 800 auf Ornamentik spezialisierten Familien in Nepal vorgefertigt. Nach der EXPO soll der Pavillon als „Nepal Promotion Center" in Deutschland bleiben.

■ *Saudi-Arabien* zeigt eine Wüstenlandschaft und ließ dazu echten Wüstensand einfliegen. Zwölf Kamele wurden bereits Wochen vor Eröffnung der Weltausstellung nach Deutschland exportiert – speziell in den Schwarzwald, um sich an das deutsche Klima zu gewöhnen.

■ Mit spektakulären Schau-Effekten arbeiten die *Tschechen* in ihrem Pavillon. Der Hohlraum zwischen der doppelten Glasfassade wird „künstlerisch" mit Abfall gefüllt – mit Schlacke, Holzspänen und Papiermehl. Nach oben wird dieses Material immer durchscheinender. Der Eingang befindet sich im Obergeschoss: Besucher begeben sich im Halbstundentakt auf die „Spirale der Erkenntnis", einer dem Guggenheim-Museum nachempfundenen Wendeltreppe, die nach und nach ins mystische Dunkel führt.

■ Die *Holländer* bieten in ihrem Pavillon ein ökologisches Super-Sandwich mit vier aufeinandergestapelten Landschaften über grünen Grotten: Das Bild einer gestapelten Stadt. In dem Modell einer urbanen Landschaft sickert das oben gesammelte Regenwasser als Nebelwand über alle Etagen – durch den Wald, die Tomatenplantagen und den Sumpf. Nur ein Fünftel des Grundstücks wird bebaut. Alles übrige verbleibt für Blumen und Skulpturen.

■ Der Pavillon der *Finnen* hat Platz für 82 Birken. Dabei wird Finnland gezeigt, wie Kinderaugen es sehen. Eine Präsentation, die Farbe und Leben, Frische und Fröhlichkeit ausstrahlt.

■ Liechtenstein konzentriert sich auf einen *Null-Energie-Pavillon* mit Windrad und Solaranlage. Jede zweite Nation, die in Hannover vertreten ist, kommt aus Afrika, Asien und Lateinamerika – so viele wie noch nie bei einer Weltausstellung.

■ Die Frage des griechischen Vordenkers Protagoras *„Ist der Mensch noch das Maß aller Dinge?"* ist z. B. die philosophische Grundlage der Präsentation der Griechen, die existentielle Fragen in den Mittelpunkt stellen.

Ein interessantes Projekt haben sich die christlichen Kirchen vorgenommen:

■ Der Vatikan errichtet einen kreisrunden Bau aus Glas und Holz. Im Mittelpunkt steht eine Kostbarkeit, die bisher noch nie der Öffentlichkeit vorgestellt wurde:

Die älteste Christus-Ikone der Welt. Sie stammt aus der vatikanischen Kapelle Redemptis Mater aus dem 6. Jahrhundert. Nach der EXPO wird der Pavillon komplett demontiert und als *Gemeindezentrum und Bischofssitz* in Liepaja in Lettland neu aufgebaut.

■ Die Katholische und die Evangelische Kirche Deutschlands errichten gemeinsam einen Klosterbau mit Sakralraum und Kreuzgang. Nach der EXPO wird das Klostergebäude für die Re- und *Neukonstruktion der Zisterzienser-Klosteranlage Volkenroda in Thüringen* wiederverwendet.

Dass das Leitbild der EXPO 2000 „Mensch-Natur-Technik" nicht bloßes Lippenbekenntnis ist, beweist auch die Konzeption des gesamten EXPO-Geländes: Die Weltausstellung wird in ein bereits bestehendes Messegelände integriert. Im Sinne einer „nachhaltigen" Entwicklung hat man von Anfang an großen Wert auf die Nachnutzung gelegt und damit von den Negativerfahrungen, z. B. der Weltausstellung 1992 in Sevilla, gelernt. Bauruinen soll es nach der EXPO 2000 nicht mehr geben. Nicht nachnutzbare Pavillons sollen lediglich temporär entstehen und danach den Messebesuchern wieder als Parkfläche dienen.

Die EXPO 2000 hat sich die Nachhaltigkeit auf die Fahnen geschrieben – nicht nur in bezug auf die Inhalte. Auch Gebäude, Verkehrsplanung, Ver- und Entsorgung müssen den drei Nachhaltigkeitssäulen Soziales/Ökologie/Ökonomie entsprechen. Eine vollautomatische Sortieranlage für Verpackungsmüll soll z. B. dafür sorgen, dass die Weltausstellung die sauberste sein soll, die es je gegeben hat. Vielleicht ist es kein Zufall, dass die übernächste große Weltausstellung im Jahr 2005 in Japan den Titel trägt: *„Jenseits des Fortschritts: Natur neu entdecken."* Es soll eine EXPO mitten im Wald sein und die Beziehung von Mensch und Natur neu beleben.

Das Duale System auf der EXPO: Vision einer ressourcenschonenden Kreislaufwirtschaft

Auf Empfehlung des hannoverschen Pestel-Instituts soll z. B. der deutsche Pavillon nach der EXPO das vom Bundestag beschlossene „Deutsche Forum für Wissenschaft und Technik" aufnehmen. Es soll eine nationale Begegnungsstätte zwischen Wissenschaft und Bevölkerung in der Form eines amerikanischen Wissenschaftscenters werden und jährlich etwa eine Million Menschen anziehen. Auf dem neu erschlossenen Teil des Ausstellungsgeländes wird eine *Mischung aus Büro-, Einkaufs- und Freizeitzentrum* entstehen, vom Medienforum bis zum chinesischen Heilzentrum.

Das Leitbild „Mensch-Natur-Technik", das auf das Prinzip der Nachhaltigkeit so großen Wert legt, ist – das muss auch gesagt werden – teilweise nur mit großen Schwierigkeiten gegen Mainstream und Zeitgeist durchzusetzen gewesen. In Wirtschaft, Medien und Öffentlichkeit dominierte ein ganz anderes Leitbild: *„Umwelt-Themen seien out, Technologie-Themen in"* (PR Report vom 24. November 1999). Emotionalität sei doch wichtiger als Rationalität. Birgit Breuel hingegen war der Auffassung, dass das soziale und ökologische Zukunftsbewusstsein in Deutschland unterentwickelt sei: „Wir brauchen endlich einen Themenwechsel vom Ladenschluss zur Agenda 21" (Breuel in: Expo direkt Nr. 2 vom 14. März 1996, S. 28).

Fortschrittsoptimisten wollten einfach nicht wahrhaben, dass die Zeit der Weltausstellungen als *Wettkämpfe der Technik,* bei denen die Industriegiganten der Welt ihre Kräfte maßen, endgültig vorbei sei. Weltausstellungen könne man doch nicht einfach umpolen, meinten sie. Sie seien nun einmal für die Präsentation technischer Höchstleistungen geschaffen. Geradezu aberwitzig sei die Idee, „die Wirtschaft auf der EXPO 2000 im *ökologischen Büßerhemd* vorzuführen und diese Maskerade als ‚Problemlösung' auszugeben" (Stefan Dietrich in FAZ vom 29. November 1996). Dagegen steht das Konzept der EXPO 2000, die mehr sein will als eine Industriemesse hoch vier, als ein Disneyland oder eine Show der Eitelkeiten. Andererseits ist die *Furcht vor einer industriefeindlichen Ökoschau* völlig unbegründet. Die EXPO wird eine Brücke in das 21. Jahrhundert sein und Zukunftsideen für das Leben im dritten Jahrtausend liefern. Die EXPO 2000 wird *auf keinen Fall ein Schaufenster des Kapitalismus* sein. Ganz im Gegenteil: Es ist die erste Weltausstellung, bei der sich Nicht-Regierungs-Organisationen (NGO/Non-Government-Organizations) beteiligen und engagieren können.

Dennoch muss sich auch die EXPO 2000 die Frage gefallen lassen: Wie rechnet sich das Ganze? Ist die EXPO 2000 eine *Geldvernichtungsmaschine* und wird sie zum *Milliardengrab?* Ganz im Gegenteil. Die EXPO hat ein ehrgeiziges Ziel: Die Weltausstellung soll den Steuerzahler nichts kosten, weil Bund und Länder durch zusätzliche Steuereinnahmen erheblich profitieren. Allein die ausstellenden Nationen investieren in ihre Bauten 1,6 Milliarden Mark. Der Aufsichtsrat rechnet mit einem *Einnahmevolumen* in Höhe von vier Milliarden Mark – bei einem staatlichen *Investitionsvolumen* bzw. betriebswirtschaftlich gesehen bei einem Defizit von 400 Millionen Mark.

Im „Planet M" von Bertelsmann wird die Welt der Medien lebendig

Nach Schätzungen der Norddeutschen Landesbank werden rund 4,4 Milliarden Mark mehr Mehrwert- oder Lohnsteuern durch die EXPO-Jobs eingenommen. Pro Tag werden rund 7.000 zusätzliche Arbeitskräfte für Service, Information und Gästebetreuung tätig sein. Selbst wenn die EXPO mit einem Minus von 400 Millionen Mark abschließt, bleibt mit einem Plus von vier Milliarden Mark noch genügend Geld in den öffentlichen Kassen. Und allein die Region Hannover hat einen zusätzlichen Umsatz von 18 Millionen Mark. Nur in die Infrastruktur der Stadt Hannover wurden für die EXPO sieben Milliarden Mark investiert. So sind jetzt alle Autobahnen rund um die Stadt sechsspurig und auf dem neuen ICE-Bahnhof kann alle fünf Minuten ein Zug halten.

Und nun zum Qualitätsanspruch der EXPO 2000: Heute schon die Welt von morgen erleben? Antworten auf Probleme geben, die wir noch gar nicht haben? Ja, lassen sich überhaupt Probleme des 21. Jahrhunderts in einer Weltausstellung sachgerecht und angemessen präsentieren? Es sieht ganz danach aus. Das 21. Jahrhundert wird vor allem ein *Jahrhundert der Städte* sein. In den nächsten hundert Jahren wird die überwiegende Mehrheit der Bevölkerung in städtischen Netzwerken leben. Ein Kollaps der Riesenstädte („Mega-Cities") droht. Eine ökologische und soziale Zeitbombe muss frühzeitig entschärft werden. Neben der technischen Versorgung (Trink- und Abwasser, Verkehrsinfrastruktur u.a.) geht es vor allem um *Fragen der sozialen Integration.*

Auf der EXPO 2000 werden in einer Halle die Veränderungen von vier Städten in der Welt im 21. Jahrhundert veranschaulicht. Ausgewählt werden Aachen, Dakar, Sao Paulo und Shanghai. Die Vorführung beginnt mit einer Fahrstuhlfahrt auf einen Berg, der für das Jahr 2100 steht. Danach geht es schrittweise abwärts in die Jahre 2070, 2030 und schließlich 2000. Im Mittelpunkt steht zunächst das *positive Szenario A,* die Beachtung des Umweltschutzes und die sinnvolle Nutzung moderner Technologien. Dargestellt wird aber auch das *„Szenario B"* – Umweltverschmutzung, Wirtschaftskrise, Kriminalität und Gewalt.

Nehmen wir einmal das Beispiel: Aachen im 21. Jahrhundert. Der Besucher wird auf die oberste Plattform einer Ausgrabungsstätte geführt, wo er im Jahr 2070 landet. Von dort aus wandert er wie im Guggenheim-Museum spiralförmig abwärts – zurück in unser heutiges Jahr 2000. Dabei werden ganz im Sinne von *„gute Zeiten, schlechte Zeiten"* zwei alternative Zukunftsvisionen dargestellt:

Szenario A: Aachen floriert und ist streng orientiert am Leitbild nachhaltiger ökonomischer und ökologischer Entwicklung.

Szenario B: Aachen in der Wohlstandskrise: Arme und Reiche leben in Ghettos. Durch die Innenstadt bewegt man sich nur per Auto mit gesicherten Türen. Die Straßen gehören den Autos und den underdogs. Hinzu kommen bewachte Villen-Vororte sowie luxuriöse Marmor-Lobbies der Großbanken und Kasernenhochhäuser.

Beide Szenarien fordern zum Nachdenken heraus: Wie wollen wir morgen leben?

3. DER THEMENPARK:
DIE ENTDECKUNG EINER NEUEN WELT

Als Kurator der EXPO 2000 hat der Autor konzeptionell beratend vor allem an der Gestaltung des Themenparks und seiner Themenfelder mitgewirkt.

Dazu gehörten die Bereiche:
- Der Mensch
- Die Umwelt: Landschaft/Klima
- Basic Needs/Grundbedürfnisse
- Die Ernährung
- Die Gesundheit
- Die Energie
- Wissen: Information, Kommunikation
- Die Mobilität
- Die Zukunft der Arbeit.

Für die beiden letztgenannten Bereiche „Mobilität" und „Zukunft der Arbeit" hat der Verfasser eine Art Patenschaft übernommen und auch direkt Einfluss auf Entscheidungen genommen.

Es begann bereits 1996, vier Jahre vor Eröffnung der EXPO 2000. Damals hatte der Autor als Kulturrat und „Pate" für das Themengebiet „Zukunft der Arbeit" dafür Sorge getragen, dass neben traditionellen Arbeitsformen auch neue z. T. auch unbezahlte Beschäftigungsformen ins Blickfeld der Präsentation gerückt wurden:
- Dazu gehörten neue Formen der *Tele-Arbeit.*
- Auch *Arbeitszeitflexibilisierungen* sowie *Teilzeitarbeit* und *Altersteilzeitarbeit* sollten dargestellt werden.
- Die Zukunftsvision einer Tätigkeitsgesellschaft zwang dazu, intensiver über Formen *freiwilliger und unbezahlter Arbeit* nachzudenken.
- Und schließlich müssten auch die Aspekte *„Existenzgründung"* und *„Neue Selbstständigkeit"* angemessen Berücksichtigung finden.

Die Empfehlung für die inhaltliche Ausrichtung des Themenfeldes „Zukunft der Arbeit" lieferte die Basis für das Grundkonzept und die Präsentation: „Wer in den westlichen Industriegesellschaften von Arbeit spricht, meint meistens die Erwerbstätigkeit. Doch der Begriff wandelt sich. *Gemeinschaftsarbeit, Lernarbeit und ehrenamtliche Tätigkeit* werden in den Lebensläufen kommender Generationen größere Bedeutung erlangen. Die im auslaufenden Jahrtausend dominante Arbeitsgesellschaft, in der die Erwerbsarbeit vorherrscht, ist auf dem Weg zu einer *neuen Leistungsgesellschaft,* in der gleichwertige Leistungen in der Erwerbs- und Nichterwerbstätigkeit erbracht werden. Die Zukunftsvision ist die *Tätigkeitsgesellschaft,* in der Erwerbs- und Nichterwerbstätigkeit miteinander verschmelzen" (EXPO Konzept).

Als Fachberater und Mentor für das Themenfeld „Mobilität" trug der Verfasser insbesondere dafür Sorge, die Euphorie gegenüber technischen Neuerungen zu bremsen, Mobilität nicht nur auf Wirtschaft und Verkehr zu reduzieren und insbesondere die ökologische Verantwortung für die Grenzen der Mobilität ernstzunehmen. Mobilität sollte umfassend als Lebensprinzip verstanden werden: „Die Menschen waren mobil noch ehe sie sesshaft wurden. Die *Geschichte der Menschheit ist eine Geschichte der Mobilität,* des Ortswechsels und der großen Wanderungen" (Opaschowski 1995, S. 6). In den Grundsätzen zur Gestaltung des EXPO-Themas „Mobilität" heißt es daher entsprechend: „Die Geschichte der Menschheit ist die Geschichte der Mobilität ... Mobilität ist Leben."

4. DAS KULTURPROGRAMM:
WELTEN TREFFEN AUFEINANDER

Die EXPO 2000 will nicht nur einen Blick in die Zukunft werfen, sondern auch ein *Mega-Event* im kulturellen Erleben von heute sein:

■ Die Neuinszenierung von Mozarts „Zauberflöte" wird live aus der Wiener Staatsoper auf das Weltausstellungsgelände übertragen. Der österreichische Bundespräsident wird dieses Ereignis am 17. Juni 2000 zum Anlass für einen Staatsbesuch in Deutschland nehmen. Österreich will sich auf der EXPO als *Land der Lebens-Kunst* präsentieren, den Hauptakzent auf bildende und darstellende Kunst legen und sich auch als Impulsgeber für deutschsprachige Literatur verstehen.

- Goethes Faust II wird ungekürzt in einer Inszenierung von Peter Stein gespielt – 21 Stunden lang, auf mehrere Abende verteilt, mit Bruno Ganz in der Hauptrolle. Jeweils an den Wochenenden gibt es dann *Faust kompakt.* In der Halle 23 auf dem Messegelände hatten die Proben Wochen vorher begonnen. An der Aufführung sind 35 Schauspieler und 40 Statisten beteiligt. Auch die Kosten können sich sehen lassen: Sie liegen bei etwa 30 Millionen Mark. Die Premiere ist für den 22./23. Juli vorgesehen. Gespielt wird in zwei Versionen:
- Die sogenannte *Marathon-Fassung* beginnt samstags um 16 Uhr und dauert bis 23 Uhr. Am Sonntag geht es dann von 10 Uhr morgens weiter bis 1 Uhr nachts.
- Daneben gibt es die sogenannte *Sushi-Fassung,* die aus sechs Abenden zu je dreieinhalb Stunden und immer dienstags beginnt.

Wer will den Faust-Marathon überhaupt sehen? Die Frage ist illusorisch: Die 398 DM teuren Eintrittskarten waren im Januar 2000 im Vorverkauf bereits nach einer Viertelstunde verkauft – so schnell die Computer es eben konnten. Die Übrigen hatten nachts bei Eiseskälte Schlange gestanden. Für Interessenten aus Japan war da keine Chance mehr. Nach dem Ende der EXPO wird die Aufführung in die Arena-Halle nach Berlin-Treptow übersiedeln, wo sie dann – jeweils zwischen Marathon und Sushi wechselnd – für mehrere Monate zu sehen sein wird.

Goethes „Faust": Mammut-Aufführung für die EXPO

Die Faust-Aufführung setzt *Maßstäbe für eine neue Eventkultur*, die langfristig auch die Theaterlandschaft in Deutschland verändern könnte. Vielleicht wird in Hannover ein Stück Theater- und Kulturgeschichte geschrieben. In seinen Gesprächen mit Eckermann hatte Goethe gesagt, das Stück brauche nur „einen Regisseur, den man so leicht nicht findet." Das 21. Jahrhundert macht es möglich.

Das Kultur- und Musikprogramm der EXPO wird ein *Festival der großen Namen und Orchester* sein wie z. B. Christoph Eschenbach, Gerd Albrecht, die Berliner Philharmoniker. Highlights sind:

- Spezielle *Eventtickets* berechtigen bereits zwei Stunden vor Veranstaltungsbeginn zum Zutritt zur Weltausstellung und behalten auch nach den Konzerten ihre Gültigkeit bis zur Schließung des Geländes.
- Die Rockgruppe THE SCORPIONS wird bei ihrem Auftritt erstmalig und einmalig von den Berliner Philharmonikern begleitet.
- Jeden Abend startet am EXPO-See ein farbiges Abendspektakel mit Feuerwerk, Filmen und Wasser-Fontänen. Alles, was das Alltagsleben nicht zu bieten hat. „Flambée" heißt das tägliche Highlight nach Sonnenuntergang.

Auf Weltausstellungen haben Künstler schon immer große Triumphe gefeiert. Verdi, Rossini und Johann Strauß komponierten eigens für Weltausstellungen. Und Karlheinz Stockhausen führte 1970 in Osaka 183 Tage lang täglich rund sechs Stunden live seine Kompositionen auf. Und über eine Million Menschen hörten zu.

5. ENTERTAINMENT. INFOTAINMENT. EDUTAINMENT. ANSPRUCH UND WIRKLICHKEIT

Auch in Zukunft werden Weltausstellungen nur ein anderes Wort für *Sehnsuchtsträume der Menschheit* sein, dargestellt durch Wunderwerke von Technik, Medien, Kunst und Kultur. Es gibt wohl kaum vergleichbare friedliche Ereignisse, die über Monate die Aufmerksamkeit von Medien und Öffentlichkeit so auf sich ziehen können wie Weltausstellungen. Vergleichbar sind allenfalls noch Fußballweltmeisterschaften und Olympiaden. Der *Sympathieeffekt* solcher Mega-Events (man denke z. B. an die kommunikative Wirkung der Olympischen Spiele 1972 in München) ist außerordentlich groß.

Insbesondere für Schüler und Schulen wird die EXPO ein riesiges begehbares Universal-Lexikon mit Visionen, Fragen, Antworten und Präsentationen auf 1,6 Millionen Quadratmetern sein: *Ein Tag auf der EXPO ist wie eine Weltreise von zehn Stunden.* Eine Mischung aus Exkursion und Unterricht, Schulfernsehen und modernem Märchen. Vor allem der Themenpark, das Herzstück der EXPO, erzählt moderne Märchen und wird die Besucher in seinen Bann ziehen: Vertikal wachsende Gärten, ein Wald im dritten Stock, ein Palast aus Papier und ein begehbares Ei. Das sind nur einige Exponate, die beim Publikum *Staunen* auslösen können. *Einsteigen und abheben* sollen z. B. die Besucher beim Betreten des Bertelsmann „Planet M": Der Space-Lift, der größte Lift der Welt, hievt auf einen Schlag zweihundert Personen in den Planeten, der dann eine Zeitreise durch die gesamte Medienwelt bietet.

Die EXPO liefert also 153 Tage lang von morgens bis kurz vor Mitternacht Ideen für die Welt von morgen, bringt aber auch – als Nebeneffekt – andere auf Ideen. Schwere Zeiten für Ganoven: 1.100 zusätzliche Bundesgrenzschutz-Beamte sollen vor Taschendieben, Automatenknackern oder Graffitisprayern schützen. Realistischerweise wird während der EXPO in Hannover mit einem dreißigprozentigen Anstieg der Alltagskriminalität gerechnet. Mit dem Einsatz von 200 ausländischen Polizisten aus 16 Ländern hat die EXPO ein Novum zu bieten: Die Kollegen aus dem Ausland agieren in ihrer Originaluniform jeweils mit einem deutschen Polizisten und den gleichen Amtsbefugnissen. Hinzu kommen noch Security-Spezialisten aus den USA, Russland, Australien. Die EXPO geht auf Nummer Sicher: Die Besucher passieren elektronische Sicherheitsschleusen. Tüten und Taschen werden systematisch durchleuchtet. Jeder Checkup dauert 10 Sekunden.

Die Polizei erwartet zudem etwa 3.000 Prostituierte... Verkehr ist auch sonst ein zentrales Element, das Bewegung in die EXPO bringen soll. Neben der 150 Millionen Mark teuren Verkehrsanlage *Move* (= „Mobilität und Verantwortung") werden auch 85 Radardetektoren zur Geschwindigkeitsmessung installiert. Reizende Aussichten für alle Besucher, die nicht schnell genug zum EXPO-Gelände kommen können, um z. B. den von „Basic Instinct" bekannten Hollywood-Star Sharon Stone zu sehen – die Amerikanerin bietet während der Weltausstellung auch Schauspielkurse für Besucher an.

Die Deutsche Bahn war damit beschäftigt, über 4.000 Zugbegleiter fachlich und motivational auf die EXPO vorzubereiten. Aus den Schaffnern und Fahrkartenkontrolleuren sollten Gastgeber, Kundenbetreuer, ja „menschliche Visitenkarten" werden. Stress- und Freundlichkeitstraining gehören genauso dazu wie die Verbesserung der Sprachkenntnisse, „um zumindest einige Sätze auf Englisch wechseln zu können" (DB). Die Deutsche Bahn als Unternehmen Zukunft.

Resümee: Die EXPO 2000-Konzeption gleicht einer Gratwanderung zwischen High Tech und High Touch, zwischen E und U, zwischen Ereignisreichem und Unterhaltsamem, Bildung und Entertainment, Kultur und Fun, Ernsthaftigkeit und Heiterkeit, Leichtigkeit der Präsentationen und Schwere der Themen. Die Macher müssen versuchen, die Balance zu halten. Und die Besucher dürfen gar nicht erst merken, dass sie in dieser Erlebniswelt auch etwas Neues hinzulernen können. Jugendliche Besucher, insbesondere aus Übersee wie USA und Australien, sagen ganz ungeniert, was sie erwarten: „Wir wollen auf einer Weltausstellung doch nichts lernen. Wir wollen *pure Unterhaltung:* Achterbahn und Zuckerwatte" (Stuttgarter Zeitung vom 4. Dezember 1999, S. 28). Die Erwartungen sind – zumindest bei Jugendlichen – mehr auf Walt-Disney-Entertainment als auf Wilhelm von Humboldts Bildungsideale gerichtet.

Infotainment und Edutainment im Jahr 2002: „Mysteries of the World", Interlaken

Die EXPO 2000 ist auch ein Synonym für das „Abenteuer Zukunft": Sie liefert Bilder und Ideen für die Welt von morgen. Globale Vielfalt ist angesagt: Zeitreise, Fortschrittsfest, Industriemesse, Kommunikationsevent, Vergnügungsshow. Eine „Welt"-Ausstellung muss einfach viele Gesichter und vielfältige Ziele haben. Sie muss informieren *und* unterhalten *und* amüsieren *und* nachdenklich stimmen können. Hier kann man handfeste Informationen bekommen, aber sich auch total berieseln lassen. Das Spektrum der Angebote und Erwartungen ist breit gestreut: *Entertainment. Infotainment. Edutainment.* Millionen von Menschen wollen sich vor Ort und live faszinieren lassen. Eine virtuelle Weltausstellung, die Geld sparen und die

Umwelt schonen würde, wäre keine Alternative für sie. Christos Reichstagsverhüllung war im Fernsehen und im Internet zu sehen – und dennoch pilgerten fünf Millionen Menschen dorthin.

Der Dreifach-Anspruch von Entertainment/Infotainment/Edutainment hat natürlich auch seine Grenzen. Der aufgeklärte autonome Besucher stellt eher ein Hindernis für den reibungslosen Ablauf dar. Also bleibt für Eigeninitiative wenig Raum. *Die Besucher sollen laufen, schauen, staunen* – „nichts anderes erwartet man von ihnen, und sie sollen auch nichts anderes erwarten" (Lerchenmüller 1992, S. 55). Jeder Besucher, der in Hannover auf die Idee kommt, auf dem EXPO-Gelände selbst etwas zu unternehmen, bringt die Abläufe durcheinander. Eher müssen sich die Besucher „auf eine industrielle Form der Bewegung einlassen, das ordentliche Voranschreiten vieler Personen in gleichem Rhythmus wie die Maschinen, die alle an der Uhr ausgerichtet sind" (Moore 1980, S. 207 ff.). Die *Organisation von Menschenmassen* lässt kaum eine andere Wahl. Kulturkritisch gesehen bleibt die Eigeninitiative der Besucher auf den Erlebniskonsum beschränkt – auf Shopping und Essengehen.

Die EXPO 2000 will vor allem eine Erlebnislandschaft für alle Sinne sein, ein Live-Erlebnis, aber auch ein Kultur-Event, eine High-Tech-Schau, ein Zukunfts-Labor und ein Wissenschafts-Kongress, ein Museum und eine Future World zugleich: *Eine Weltreise zu Fuß* (statt einer Flugreise nach Mallorca), in der Welten aufeinandertreffen:

- Ein Mega-Ereignis für die Medien.
- Eine Jahrtausend-Chance für die Wirtschaft.
- Eine Wahnsinns-Herausforderung für die Aussteller.
- Und vielleicht auch ein Wahnsinns-Vergnügen für die Besucher.

Die Besucher sollen mit der Gewissheit nach Hause gehen: Es hat sich gelohnt, die Weltausstellung zu besuchen. Wir haben heute schon die Welt von morgen erlebt und hier etwas geboten bekommen, *was die Welt noch nie gesehen hat.* Oder frei nach Goethe: Die EXPO 2000 fand statt – *„und wir können sagen, wir sind dabeigewesen!"*

WALLFAHRTEN INS 21. JAHRHUNDERT.
KONSUMTEMPEL FÜR ERLEBNISHUNGRIGE

TEIL 5

1. EINLADUNG INS PARADIES

Auf der einen Seite breiten sich in der westlichen Welt *Entkirchlichung und Entchristlichung* aus. Andererseits „dampft diese Zeit geradezu von Religionsbereitschaft" nach einem Wort von Wolfgang Frühwald (vgl. Schilson 1999, S. 30). Gemeint ist die Inflationierung von Kult-Phänomenen in Musik, Kunst, Medien oder Sport, die durchaus religiös motiviert und aufgeladen sind. Dahinter steht ein erfolgreiches Kult-Marketing, das die alte Religion durch die *neuen Götter des Marktes* ersetzen will.

Trendforscher wie Matthias Horx und Peter Wippermann treten mit dem Anspruch auf, durch Rituale und Symbole von Marken für neue Orientierungen zu sorgen, ja „Sinnkontexte in die Welt der Waren" zu bringen. Ihr markenorientiertes Orientierungssystem soll zum *Ersatz für das fehlende Sinnsystem* werden. Und so lautet der Anspruch: „Wo die Markenkulte herrschen, ist die Zivilisation ein Stück weitergekommen." Wenn beispielsweise „statt des Hakenkreuzes" das Coca-Cola-Emblem über Deutschland zu leuchten beginne, dann sage dies doch etwas aus über das Demokratisierungspotenzial von Markenkulturen. An die Stelle des Kommunismus trete „das kultische Begehren in Richtung McDonald's und Sony." Und eines Tages werde gar „der rituelle Krieg der Marken den wirklichen Krieg" ersetzen. Mit anderen Worten: „Wo nicht genügend konsumiert wird, herrscht früher oder später Krieg." Dies ist die „Botschaft" der Trendforscher (Horx/Wippermann 1998, S. 10 ff.).

Aus dem Stempeln der Rinder mit Brandzeichen machen sie modernes *„Branding" für Menschen.* Indem sie Warenkonzepte mit ätherischen Bedeutungen „aufladen", wollen sie die Rückkehr der Menschen zu den „heiligen, ewigen Dingen" erleichtern. Als *maßlos, grenzenlos, gewissenlos* müssen solche Markenkult-Ansprüche bewertet werden, weil sie wie eine *Ausbeutung menschlicher Nöte* erscheinen. Der Sound des westlichen Konsums soll die Sinnkrise vergessen machen. Die Ware wird zum Geist verklärt und die Marke wie eine echte Religion gehandelt – und auch verkauft. Es herrscht dann die *Religion des Marktes.*

Auch aus der Sicht der modernen Theologie hat die Religionskrise zwei Gesichter (vgl. Höhn 1996, S. 5):
- Religion und Kirchen sind im Verschwinden begriffen: Religion hat keine klaren Konturen mehr und die etablierten Kirchen sind von der Erosion bedroht.
- Andererseits ist Religion aber auch im Kommen – erkennbar am wachsenden Interesse für Esoterik sowie in der Konjunktur und Wiederkehr des Mythischen.

Schon Mitte der neunziger Jahre hatte der Autor eine *„neue Flucht"* diagnostiziert: „New Age und Esoterik, Parapsychologie und transzendentale

Meditation, Segelfliegen, Drachenfliegen und Tiefseetauchen, Sekten, Psychotherapien und Psychopharmaka, Tarot, Runen und I Ging sind die Ausdrucksformen einer Flucht in den *Privatismus"* (Opaschowski 1995, S. 122). Die Vielfalt der Ausdrucksformen bedeutet: Religion hat viele Gesichter, ja multiple Identitäten bekommen. Sie kommt zunehmend im Gewand der Event- und Konsumkultur daher und zeichnet sich durch eine *religionsfreundliche Gottlosigkeit* (vgl. Metz 1992) aus.

Paradiesische Vorstellungen um 1607

Alles wird zur Erlebniswelt, die Stadt zum mythischen Erlebnisraum: So findet man beispielsweise in der Frankfurter City das „Poseidon- und Tritonhaus, kann Modelle künftiger Wolkenkratzer ansehen, die die Namen ‚Säulen des Herkules', ‚Campanile' oder ‚Kronen-Turm' tragen, findet Boutiquen geschmückt mit

Miniatur-Faksimiles klassisch-antiker Tempel-Portiken. Auf den ‚Säulen des Herkules' soll überdies in schwindelnder Höhe eine Plastik des Ikarussturzes angebracht werden; der Reif auf der Spitze des ‚Kronen-Turms' firmiert als Symbol der Kaiserkrone Karls des Großen" (Bartetzko 1991, S. 239). Religion wird auf diese Weise neu produziert oder vielleicht treffender: recycelt. Diese Art von *City-Religion* soll neue Urbanität ausstrahlen: *Stadtkultur zwischen Passagen und Passanten.* Die City-Religion macht aus Konsumtempeln heilige Räume.

Das protestantische Berufsethos, der Hauptträger der Arbeitsmotivation von einst, gilt nicht länger als Eintrittskarte zum Paradies. Immer mehr Menschen in den westlichen Industrieländern wollen den Himmel bereits heute auf Erden erleben. In den Neuen Erlebniswelten lebt das Paradies – wie in jeder positiven Utopie auch – als Insel weiter. Der Besuch führt in eine vom Alltag entrückte Oase des Glücks.

Die Erlebniswelten wirken wie Ideen von einem anderen Dasein – in einem handfesten physischen Sinn (als Ort der Erfüllung von natürlichen Interessen) und in einer metaphysischen Bedeutung: Hier können Heilsversprechen, Erlösungshoffnungen und Vorstellungen vom Himmel wahr werden. Die *diesseitigen Vorstellungen* konzentrieren sich auf die Sehnsucht nach einer heilen Welt, im natürlichen Einklang von Mensch/Natur/Technik. Die *jenseitigen Vorstellungen* aber speisen sich aus dem im wirklichen Leben Unerfüllbaren: Aus dem Wunsch, das *Jenseits von Eden,* die Vertreibung aus dem Paradies, rückgängig zu machen. Dabei schwingt die Hoffnung auf ein Leben danach mit. Darauf deutet auch die Umgangssprache selbst hin: „Abschalten", „Sich-hängen-lassen", „die Seele baumeln lassen" u.a. Hier wird das Ende der Reise, der Tod, beschworen und zugleich die Hoffnung auf Erfüllung am Zielort.

Die Sehnsucht nach dem Paradies ist klar, aber niemand weiß, wie es dort aussieht und was einen erwartet. Dies erklärt auch, warum es nicht gelingt, Erlebniswelten als Utopien zu entwickeln – sie *bleiben notwendigerweise unbeschreiblich:* unbestimmt und unfassbar. Einer Verwirklichung sind ganz natürliche Grenzen gesetzt. Da man das Paradies ja er„leben" will, sucht man es notgedrungen im Hier und Jetzt.

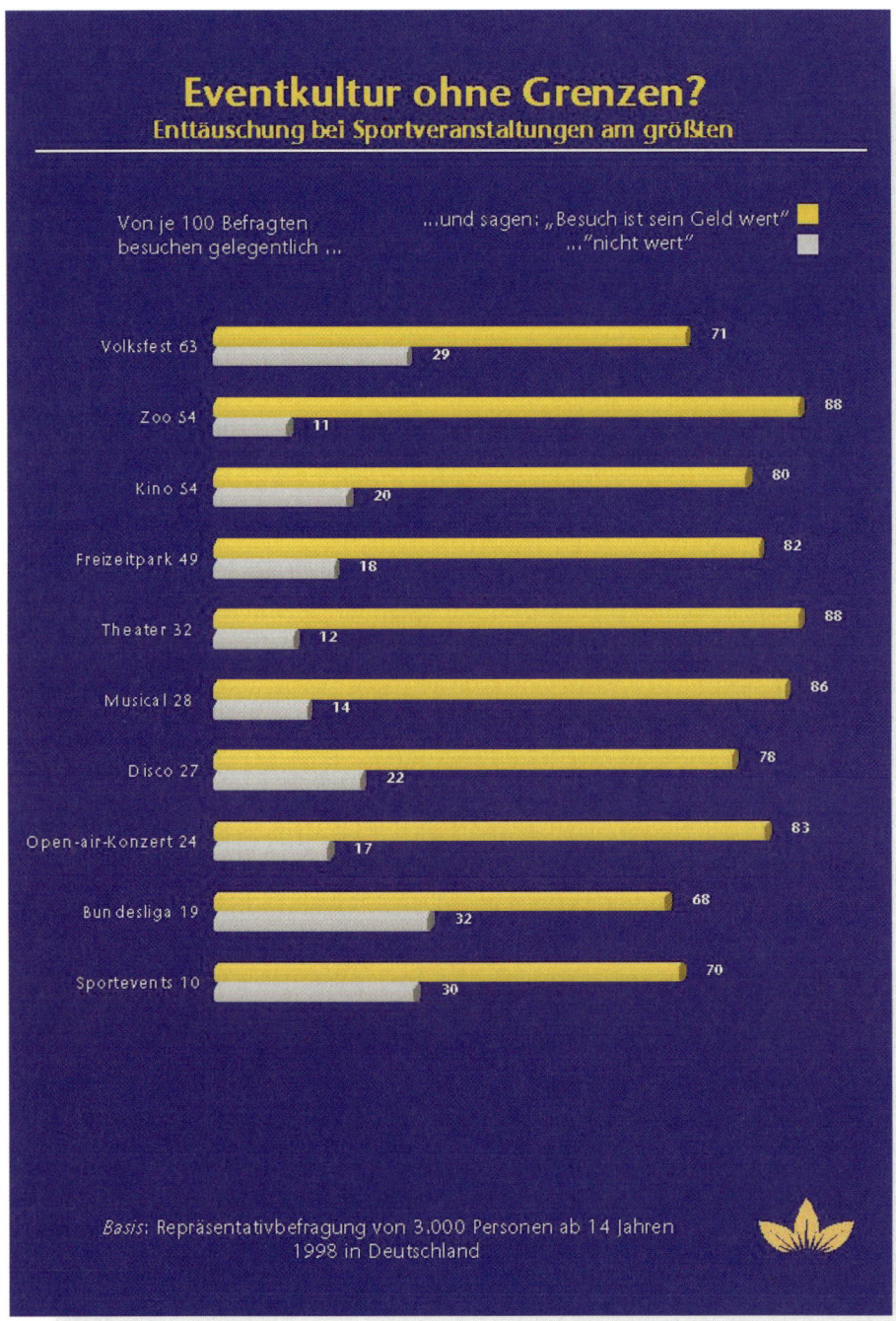

Eventkultur ohne Grenzen?
Enttäuschung bei Sportveranstaltungen am größten

Von je 100 Befragten
besuchen gelegentlich ...

...und sagen: „Besuch ist sein Geld wert" ■
..."nicht wert" ■

Volksfest 63 — 71 / 29

Zoo 54 — 88 / 11

Kino 54 — 80 / 20

Freizeitpark 49 — 82 / 18

Theater 32 — 88 / 12

Musical 28 — 86 / 14

Disco 27 — 78 / 22

Open-air-Konzert 24 — 83 / 17

Bundesliga 19 — 68 / 32

Sportevents 10 — 70 / 30

Basis: Repräsentativbefragung von 3.000 Personen ab 14 Jahren
1998 in Deutschland

Am Ende steht ein durch irdische Faktoren (z. B. Geld, Zeit, Raum) eingeschränktes Bild vom Paradies. Zwischen subjektiven Wünschen und objektiven Möglichkeiten gleichen die Neuen Erlebniswelten einem echten Balanceakt zwischen Rahmenbedingungen und Projektionsfläche: Es gibt einen feststehenden Rahmen, aber kein Bild. Für die Situation der Erlebniskonsumenten bedeutet dies: Sie wissen, dass sie etwas brauchen und Besonderes erleben wollen, aber sie wissen nicht, was. Sie können es nur abstrakt mit einem Wort umschreiben: *„anders"*. Dies kann vieles bedeuten: ruhig, schön, beschaulich, erholsam, interessant, erlebnisreich, abenteuerlich, sensationell ...

Die vage Sehnsucht nach dem Paradies gleicht der Vorstellung vom Glück als Lebensziel. Wer kann schon Glück beschreiben? Davon gibt es kein Bild, kein Foto, keine präzisen Vorstellungen, allenfalls Elemente, Bestandteile, Zutaten. Das Paradies hat keinen Ort, so wie das Glück keine Stunde hat. Keines von beiden lässt sich wirklich konstruieren. Man kann überall und nirgends sein.

Die Vorstellung vom Paradies gleicht einer schönen Idee, ist aber auch eine Überlebens-Notwendigkeit. Da sich *das Erreichen des ersehnten Ziels als Illusion* erweist, ist die Frage, ob z. B. Erlebniswelt-Besucher Wert auf „Original-Schauplätze" legen oder mit Scheinwelten und Kulissen zufrieden sind, beinahe sekundär. Alles, was dem ersehnten Gefühlszustand nahekommt, ist willkommen.

Luxor als Kopie – Scheinwelt statt Original-Schauplatz

Die Besucher wollen den Traum. Der Traum soll Wirklichkeit werden und dennoch Traum bleiben – ein Paradox. Das ist ja gerade das Dilemma mit den Erlebniswelten: Hier soll etwas realisiert werden, was eigentlich keine Realität hat oder haben kann. Daraus nun zu folgern, den Besuchern sei alles zuzumuten, ist einfach falsch. Ganz im Gegenteil. Der letztlich aussichtslose Versuch, die

97

eigenen Träume zu verwirklichen und das Paradies zu finden, führt zu immer höheren Ansprüchen.

Erlebnismacher und Erlebnisindustrie sehen sich eher mit einer Anspruchsrevolution konfrontiert. Die Forderungen an das, was machbar und erlebbar ist, werden immer maßloser. Doch eine Problemlösung ist selbst bei annähernder Erfüllung dieser Wünsche nicht in Sicht. Je mehr das gerade noch Mögliche verwirklicht wird, desto traumhafter wird es zugleich – um den Preis der eigenen Realität. Die Besucher können eigentlich ihren Traum nicht verwirklichen. Fangen sie in Zukunft an, die Wirklichkeit zu verträumen?

2. GLÜCK ALS RELIGIONSERSATZ

Glück als Lebenserfüllung hat seine geistigen Wurzeln in der Antike. Glück bedeutete im Griechischen „eudaimonia". Im Aristotelischen Verständnis war der Mensch nur dann glücklich, wenn er etwas in vollkommener Weise verwirklichte und dabei *das größte Wohlgefühl* erreichte. Damit dieses Wohlgefühl nicht zum Schuldgefühl wurde, setzte es Sinnerfüllung voraus. Wenn wir heute sagen, Wohlstand allein macht nicht glücklich, dann deutet dies doch auf die *fehlende Sinnperspektive* hin. Materieller Wohlstand schafft weder mehr Zufriedenheit noch werden wir dadurch wunschlos glücklich. Unsere Bedürfnisse verändern, aber sie vermindern sich nicht durch Wohlstand. Der Wohlhabende hat vielleicht weniger Hunger, dafür umso mehr Angst um sein Geld.

Vieles deutet darauf hin, dass die Glücksbedrohung eigentlich in jeder Phase unseres Lebens etwa gleich ist, weil ja immer neue Bedürfnisse entstehen. Ob sich der Jäger und Sammler früherer Zeiten aufregte, weil er vielleicht einmal kein Jagdglück hatte, oder ob sich der Autosammler John Tiriac darüber ärgert, weil Ferrari Lieferfristen hat, macht für das persönliche Wohlbefinden keinen Unterschied. Das menschliche Glück liegt in der Zufriedenheit, also im „Fehlen von Bedürfnissen" (Hossenfelder 1992, S. 30). Der bloße Verzicht auf neue unbekannte Bedürfnisse kann gar nicht unglücklich machen. Denn Wünsche, die wir nicht kennen, vermissen wir auch nicht. *Der Gletschermann Ötzi hat die heutigen Erlebniswelten nie vermisst.*

Es gibt keinen Königsweg zum Glück. Glück lässt sich nicht auf Knopfdruck abrufen. In einen Glückszustand kann man nur geraten, wenn man etwas freiwillig und mit Freude tut, also ganz bewusst und hochmotiviert in freudige Erlebnisse regelrecht eintaucht. In einem solchen glücklichen Moment verliert man schnell den Sinn für die Zeit. Glücklich sein heißt vor allem „im Augenblick glücklich sein", während Zufriedenheit mehr „mit dem Leben zufrieden sein" bedeutet. Schon Augustinus beschrieb in seinen

Augustinus (354–430 n. Chr.)

Bekenntnissen den Zustand unsäglichen Glücks als den *Moment eines zitternden Augenaufschlags* („Confessiones" 7:17/PL 32,745). Wer glücklich ist, schwebt einen Moment lang zwischen Himmel und Erde – beim Fallschirmsprung oder Bungee-Jumping, beim beruflichen Erfolgserlebnis oder in der Liebesnacht. Der schöne Augenblick könnte ewig dauern.

In der Tradition eines Thomas von Aquin aus dem 13. Jahrhundert konnte es Glückseligkeit nur bei Gott geben. Glück, religiös vertieft, wandelte sich erst in der Gottesschau zur Glückseligkeit: „beatitudo", das höchste Glück, bestand dann in der Kontemplation, in der Beschaulichkeit vor Gott. Die Frage „Waren Adam und Eva glücklich im Paradies?" kann nach Thomas von Aquin eigentlich nur mit einem „ja, aber" beantwortet werden. Denn das paradiesische Glück konnte sich mit der himmlischen Glückseligkeit nicht messen. Nur im Himmel gab und gibt es das vollkommene Glück, die „beatitudo perfecta" (vgl. Lang 1992, S. 124).

Wie vermessen müssen dagegen die Werbebotschaften in der *Verpackung von Amüsement und Vergnügen* erscheinen, die Spaß und Lust mit Glück und Glückseligkeit verwechseln.

■ Wie bescheiden tritt etwa die Bibel beider Testamente auf, die den Begriff „Glück" gar nicht kennt. Die Bibel sagt einfach „Leben", wenn sie das ausdrücken will, was wir heute Glück nennen. Im biblischen Verständnis meint Glück Lebenserfüllung.

Vielleicht verbirgt sich hinter allem menschlichen Streben nach Glück *die geheime Sehnsucht nach Sinnerfüllung des Lebens.* Das aber wäre eine große Herausforderung, vielleicht auch schwere Hypothek für alle, die Glücks- und Erlebnisangebote verkaufen. Sie müssten dann Ernst machen mit ihrem Anspruch auf Sinnerfüllung des Lebens, so dass die Menschen wirklich glücklicher, zufriedener und sinnerfüllter leben können. Zur Erreichung dieses Ziels brauchen wir keine unerfüllbaren Versprechungen und Illusionen. Ganz im Gegenteil: Der sicherste Weg zum Glücklichsein besteht immer noch darin, sich bescheidene und vor allem nicht zu viele Ziele zu setzen.

Ein bescheidenes Glück ist die beste Form des Glücks. Zum Glücklichsein gehört das Sich-bescheiden-können, also die Wünsche auf ein realistisches, erreichbares Maß zu reduzieren. Dies ist wesentlich ein mentaler Akt. Nicht das große Glück, sondern immer nur ein Stück davon („Ein bisschen …") soll man sich in den Alltag holen, so dass noch *genügend kleine Träume übrig bleiben.* Das Glück gleicht einem Mosaikbild, das sich aus lauter unscheinbaren kleinen Freuden des Lebens zusammensetzt.

Glück droht heute immer mehr zu einer *käuflichen Ware* zu werden, zu einer *Zauberformel der Werbung.* Die Autowerbung fragt provokant: „Kann ein Auto glücklich machen?" und gibt gleich die Antwort. Denn wer sich für eine bestimmte Automarke entscheidet, fährt „automatisch ins Paradies". Spielhallen verkünden: „Glück ist machbar". Und Reiseveranstalter verheißen: „Glück ist käuflich". Wird Glück zum Religionsersatz?

Die Alltagssprache enthält eine Fülle von Bezeichnungen für Empfindungen des Glücks: Freude, Zufriedenheit, Ausgeglichenheit, Entspanntheit, Sicherheit, Geborgenheit, Wohlbefinden, Erfolgserlebnis, schönes Gefühl, Erfüllung, Sinn … (vgl. Dann 1991, S. 97). Darüber hinaus sprechen wir vom großen, wahren, echten, aber auch vom launischen, neidischen oder zweifelhaften Glück. In jedem Fall ist es ein Schlüsselwort unserer Alltagssprache. Und es vergeht kaum ein Geburtstag oder Jahreswechsel, an dem uns nicht Glück gewünscht wird.

Die sozialwissenschaftliche, insbesondere psychologische Forschung hinkt offensichtlich dieser Glücksinflation hinterher. Als relativ gesichert kann eigentlich nur gelten, dass es entspannt-ruhige und aktiv-dynamische Formen des Glücks gibt. Zu den *entspannt-ruhigen Formen des Glücks* zählen beispielsweise Empfindungen wie:

- In sich selbst ruhen und von Ruhe erfüllt sein.
- Losgelöst sein von allem und sich wie in einem Traumzustand der Selbstvergessenheit fühlen.
- Das Zeitgefühl verlieren und Vergangenheit und Zukunft vergessen.

Und zu den *aktiv-dynamischen Formen* des Glücks zählen Empfindungen wie

- Energiegeladen, voll Tatendrang und schöpferischer Kraft sein.
- Fröhlich und übermütig sein und Lust zum Lachen, Singen und Tanzen haben.
- Sich mit anderen vertraut und verbunden fühlen und geliebt, verstanden und anerkannt werden (vgl. Hoffmann 1984; Oldenbürger 1987; Dann 1991).

Wallfahrtsort der Moderne

Die *Bilanz der professionellen Glücksbringer* fällt etwas ernüchternd aus. So „richtig glücklich fühlen" kann man sich nirgends. Die Neuen Erlebniswelten machen „zauberhafte Angebote", erzählen „Märchen" und versprechen ein „Traum"-Land, „in dem all Ihre Wünsche in Erfüllung gehen" (EURO DISNEY-Werbung). In Wirklichkeit bieten sie nur *partielles Glück auf Zeit,* den Anschein, dass Glück im Leben käuflich ist. Doch in Wirklichkeit öffnet der kommerzielle „Kick zum Glück" die Tür zum Glück nur einen Spalt breit – breit genug, um Wünsche zu wecken, aber viel zu schmal, um sich selbst auf den Weg zu machen und nach dem Glück zu greifen. Was Glück sein könnte, kann man nur zeitweilig erfahren und in Erlebniswelten wie Großkino, Musical und Open-air-Konzerten für ein paar Stunden mit allen Sinnen erleben. *Das käufliche Glück aber macht die Menschen nicht glücklicher,* verhindert vielleicht nur, dass sie unglücklich werden. Das ist, das wäre schon ein kleiner Erfolg.

Glücksgefühle können erst aufkommen, wenn eine Idee da, ein Ziel oder eine Perspektive vorhanden und eine Aufgabe gefunden ist, so dass man *auf eine positive Veränderung hoffen* oder ihrer sogar sicher sein kann. Mit der Entwicklungsgeschichte der Menschheit ist von Anfang an dieses „Prinzip Hoffnung" (E. Bloch) verbunden, der Glaube an ein besseres Leben – auch und gerade in krisenhaften Zeiten. Die Erfahrung lehrt: Wenn die Lebensqualität spürbar schlechter wird, sind wir *offener und aufgeschlossener für neue Glücksangebote,* aus denen wir die Hoffnung schöpfen, dass es wieder besser wird.

Andererseits: Gehört zum Glücklichsein nicht auch eine soziale Dimension? Für die Menschen in den westlichen Wohlstandsgesellschaften entwickelt sich Glück immer mehr zu einem egoistischen Gefühl, bei dem sich das Ego ausleben und austoben darf. Doch bleibt zu fragen: Ist es nicht auch ein großes Glück, im Betrieb nicht entlassen zu werden oder frei von Angst, Krankheit, Krieg, Arbeits- und Obdachlosigkeit leben zu können? Und dürfen wir uns nicht glücklich schätzen, weil wir weder frieren noch hungern müssen? *Das Leben heute kann doch nicht nur eine einzige Gameshow sein,* in der pausenlos gelacht und gewonnen wird.

Glück und Unglück liegen oft nah beieinander. Auch und gerade weil es uns gut geht *haben wir das Glück, unglücklich zu sein, bitter nötig.* Während wir im Westen fast nur an das Erleben denken, sind Millionen Menschen schon glücklich, wenn sie ohne Existenzängste überleben können. Unser Glück muss doch allzu egoistisch erscheinen, wenn andere auf der Strecke bleiben. Ja, haben wir – wie es etwa in der amerikanischen Verfassung verankert ist – überhaupt ein Recht auf Glück? Stößt nicht ein solcher Anspruch schnell an seine moralischen Grenzen?

Es ist kein Zufall, dass die Menschenrechte in Europa andere Namen haben: *Freiheit. Sicherheit. Gerechtigkeit.* So gesehen kann das in der amerikanischen Unabhängigkeitserklärung verbriefte Recht auf Glück nicht einfach als sozialer Fortschritt gefeiert werden, weil dafür ein blutiger Krieg geführt wurde. Nur so erklärt sich auch der Ausspruch des Dubliner Erzbischofs Richard Whateley vor über 160 Jahren: *Die Glückseligkeit ist nichts zum Lachen* („Happiness is no laughing matter"; vgl. Kamphausen 1992, S. 87). Doch wir glauben heute, wir könnten uns das Glück im Supermarkt kaufen und Glückseligkeit konsumieren, indem wir einfach in bereitgestellte Marken und Kostüme schlüpfen. Dadurch gewinnen wir vielleicht eine gewisse Identifikation auf Zeit, auf keinen Fall aber eine neue Identität.

3. KATHEDRALEN UND IKONEN

Schon 1915 äußerte der Amerikaner Van Wyck Brooks in seinem Buch „America's Coming-Of-Age" (Amerikas Mündigwerden) die Befürchtung, der Puritanismus könne in Zukunft zu „einem vertrockneten alten Yankee" verkommen (Brooks 1915, Garden City/N.Y. 1958). Und sechs Jahrzehnte später kam Daniel Bell in seiner Diagnose über die Zukunft der westlichen Welt zu dem Ergebnis, *die protestantische Ethik wandle sich zum psychedelischen Basar.* Das Herzstück der protestantischen Ethik – Arbeit, Sparsamkeit und Genügsamkeit – ginge verloren. Die neuen Wegweiser würden Film, Fernsehen und Werbung sein und eine Art Pop-Hedonismus verbreiten, bei der es nicht mehr um die Frage gehe, wie man etwas leisten, sondern wie man Spaß haben kann. „Vorankommen" heiße nicht Aufstieg auf der beruflichen Stufenleiter, sondern Übernahme eines bestimmten Konsumstils (z. B. durch exklusive Hobbies oder teure Reisen), eines Lebensstils also, der einen als Mitglied einer konsumfreudigen Statusgruppe ausweise (Bell 1979).

Mit der Preisgabe der protestantischen Ethik bleibt das Individuum letztlich ohne Moral zurück, was für das wachsende Gefühl von Desorientierung und Verhaltensunsicherheit verantwortlich ist. Die westlichen Industriegesellschaften stehen vor ihrer größten Herausforderung seit hundert Jahren: Ihr Arbeitsmodell der Zukunft soll der „Formel 20 zu 80" (Martin/Schumann 1996) gleichen, wonach nur noch zwanzig Prozent der Bevölkerung eine bezahlte Arbeit bekommen. An der Schwelle zum dritten Jahrtausend wird der „Übergang zur Freizeitgesellschaft" (BUND 1996) heraufbeschworen, der den übrigen achtzig Prozent „Tittytainment" (Martin/Schumann 1996) oder „McDonaldisierung" (George Ritzer 1995) beschert. Erinnerungen an George Orwells Zukunftsroman „1984" werden wach, wonach die überwiegende Mehrheit der Bevölkerung ihr Leben nur noch mit der Sorge um Heim und Kinder, kleinlichen Streitigkeiten mit Nachbarn, Kino, Fußball, Bier und vor allem Glücksspielen ausfüllen werde...

Früher waren Religion und Kirche für Heilsversprechen zuständig. Heute und in Zukunft sorgt eine mächtige Erlebnisindustrie für Glücksversprechungen. Professionelle Erlebnismacher schaffen und bauen Inseln des Friedens und der Lebensfreude. Problematisch ist nicht die Künstlichkeit dieser Inseln, zumal sich die meisten Besucher auf diesen Inseln ganz wohl fühlen. Problematisch ist vielmehr der weltweit expandierende Anspruch einer *Art von Missionierung:* „If you can dream it – you can do it" (Walt Disney). Ein vermessener Anspruch, der alles für machbar hält und verwirklichte Träume zur neuen Religion erklärt.

Hybris der Gottähnlichen

Die Hybris besteht in dem Anspruch, eine Welt ohne Überraschungen zu schaffen, eine „Welt der vorhersagbaren und fast surrealen Ordentlichkeit" (Ritzer 1995, S.158). Die Imaginateure (Bild-Ingenieure) beschwören *Gottähnlichkeit („imago dei")* herauf, indem sie eine perfekte Welt schaffen und als Zubehör die immer gleichen fröhlichen Menschen, die dort arbeiten.

In den Erlebniswelten kündigt sich geradezu eine *Wiederkehr der Symbole und Funktionen von Religion* an, wenn auch – neu verpackt – in einer anderen Form. Die Menschen nehmen oft lange Wege in Kauf, um an den wenigen *auserwählten* Stätten an dem großartigen Ereignis teilhaben zu können. Die Erlebnisinszenierungen bekommen *Kultcharakter* und die Reisen zu den Events gleichen *Wallfahrten* der Moderne (vgl. Thomas

Morus Akademie Journal 6/1998, S. 1). Es ist auch kein Zufall, dass in London mit Milliardenaufwand der „Millennium *Dome*" errichtet wurde, der zur *Ikone* des 21. Jahrhunderts werden soll.

Werden die neuen Kathedralen des 21. Jahrhunderts zum *Heiligtum* der erlebnishungrigen Menschen? Zelebrieren dann die Erlebnismacher hier „ihre" Art von *Gottesdiensten*, die Massen von Menschen in Verzückung geraten lassen? Die Besucher werden atmosphärisch von unsichtbaren Chören eingestimmt: Aus den Lautsprechern klingt das fromme Weihnachtslied „Herbei, o ihr *Gläubigen*" (DIE ZEIT vom 21. Januar 1994, S. 57). Und was Santiago da Compostella für die Menschen des Mittelalters bedeutete, können die Neuen Erlebniswelten im 21. Jahrhundert sein: *Wallfahrtsorte und Unterhaltungsstätten*. Aus der religiös motivierten Kirchengemeinde wird eine *Weltgemeinde der Unterhaltungsbranche*. Was sich in früheren Jahrhunderten nur Kirchen leisten konnten, weil sie keine Rücksicht auf die Kosten nehmen mussten, wird im „Zeitalter der gemanagten Erlebnisse" (Gronemeyer 1996, S. 109) die Unterhaltungsbranche übernehmen.

Der „Millennium Dome" will Shows und Ausstellungen, virtuelle Spielereien und echte Shoppingmöglichkeiten bieten sowie per Infotainment Antworten auf die Frage geben, *„wer wir sind, wo wir sind und wohin wir gehen werden."* Ein vermessener Anspruch, der zwischen Lebenssinn und Wahnsinn angesiedelt war, weil er selbst einen Vergleich mit dem Petersdom in Rom nicht scheut. Der Turmbau zu Babel lässt auch im 21. Jahrhundert grüßen.

DATENDOKUMENTATION

BESUCHERPOTENTIALE „EVENTS"

BESUCHERSTRUKTUREN „ERLEBNISWELTEN"

Expo 2000
Besucherpotential im Überblick

Von je 100 Befragten wollen **„in diesem Jahr auf jeden Fall die Expo 2000 besuchen"**:

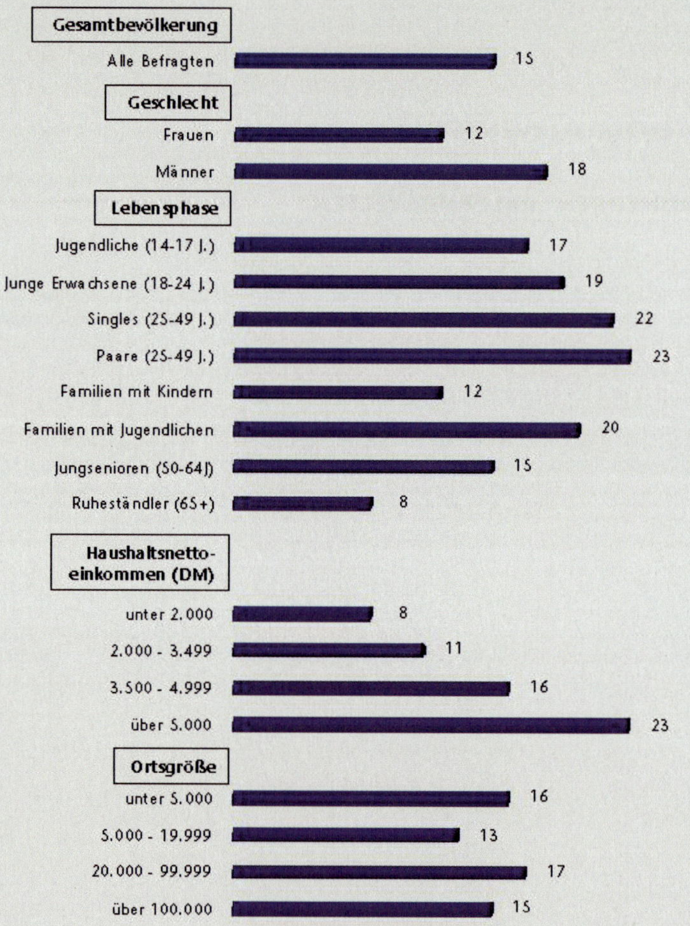

Gesamtbevölkerung	
Alle Befragten	15

Geschlecht	
Frauen	12
Männer	18

Lebensphase	
Jugendliche (14-17 J.)	17
Junge Erwachsene (18-24 J.)	19
Singles (25-49 J.)	22
Paare (25-49 J.)	23
Familien mit Kindern	12
Familien mit Jugendlichen	20
Jungsenioren (50-64J)	15
Ruheständler (65+)	8

Haushaltsnetto-einkommen (DM)	
unter 2.000	8
2.000 - 3.499	11
3.500 - 4.999	16
über 5.000	23

Ortsgröße	
unter 5.000	16
5.000 - 19.999	13
20.000 - 99.999	17
über 100.000	15

Repräsentativbefragung von 3.000 Personen ab 14 Jahren
im Februar 2000 in Deutschland

Bundesgartenschau
Besucherpotential im Überblick

Von je 100 Befragten wollen **„in diesem Jahr auf jeden Fall die Bundesgarten-schau besuchen"**:

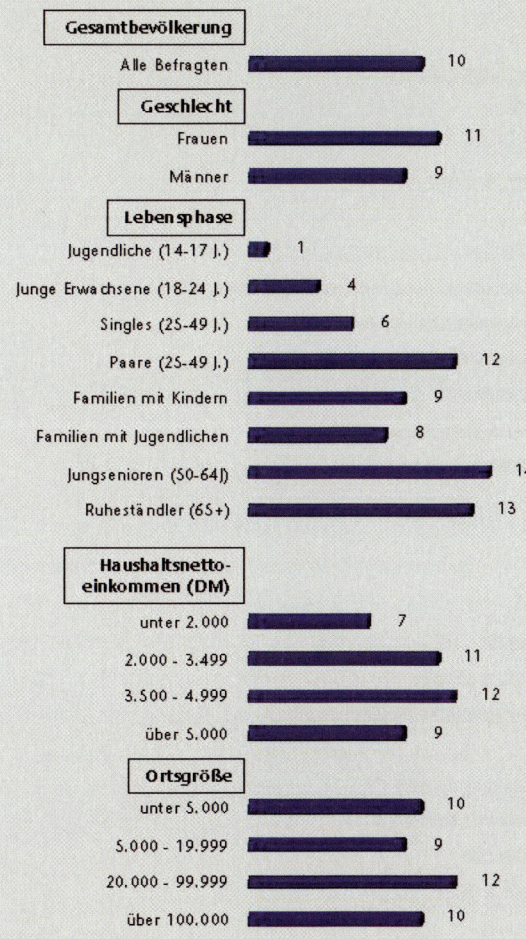

Gesamtbevölkerung	
Alle Befragten	10
Geschlecht	
Frauen	11
Männer	9
Lebensphase	
Jugendliche (14-17 J.)	1
Junge Erwachsene (18-24 J.)	4
Singles (25-49 J.)	6
Paare (25-49 J.)	12
Familien mit Kindern	9
Familien mit Jugendlichen	8
Jungsenioren (50-64 J)	14
Ruheständler (65+)	13
Haushaltsnetto-einkommen (DM)	
unter 2.000	7
2.000 - 3.499	11
3.500 - 4.999	12
über 5.000	9
Ortsgröße	
unter 5.000	10
5.000 - 19.999	9
20.000 - 99.999	12
über 100.000	10

Repräsentativbefragung von 3.000 Personen ab 14 Jahren
im Februar 2000 in Deutschland

Oktoberfest
Besucherpotential im Überblick

Von je 100 Befragten wollen **„in diesem Jahr auf jeden Fall das Oktoberfest besuchen"**:

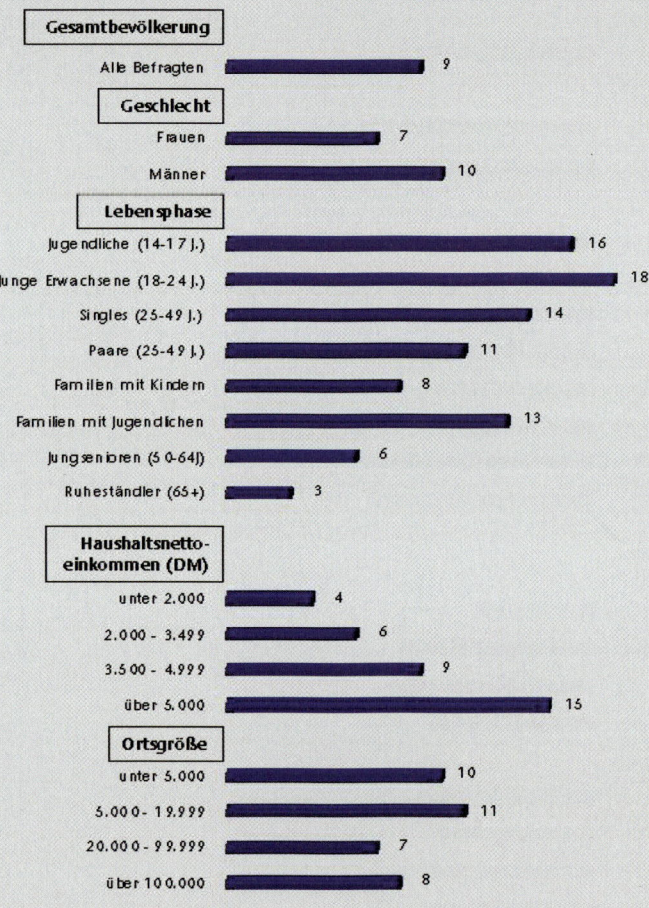

Gesamtbevölkerung	
Alle Befragten	9

Geschlecht	
Frauen	7
Männer	10

Lebensphase	
Jugendliche (14-17 J.)	16
Junge Erwachsene (18-24 J.)	18
Singles (25-49 J.)	14
Paare (25-49 J.)	11
Familien mit Kindern	8
Familien mit Jugendlichen	13
Jungsenioren (50-64J)	6
Ruheständler (65+)	3

Haushaltsnetto-einkommen (DM)	
unter 2.000	4
2.000 - 3.499	6
3.500 - 4.999	9
über 5.000	15

Ortsgröße	
unter 5.000	10
5.000 - 19.999	11
20.000 - 99.999	7
über 100.000	8

Repräsentativbefragung von 3.000 Personen ab 14 Jahren
im Februar 2000 in Deutschland

Formel 1
Besucherpotential im Überblick

Von je 100 Befragten wollen **„in diesem Jahr auf jeden Fall Rennen der Formel 1 besuchen"**:

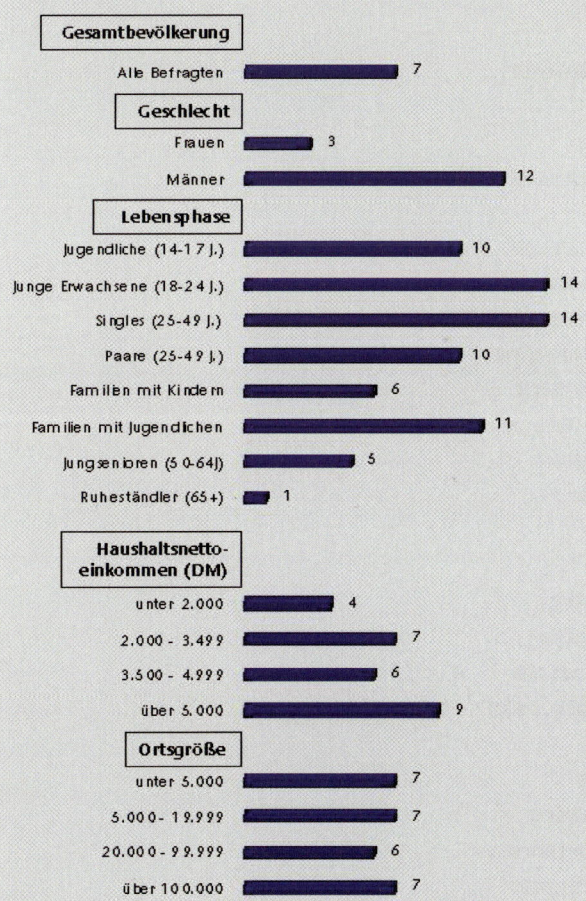

| Gesamtbevölkerung | |
| Alle Befragten | 7 |

Geschlecht	
Frauen	3
Männer	12

Lebensphase	
Jugendliche (14-17 J.)	10
Junge Erwachsene (18-24 J.)	14
Singles (25-49 J.)	14
Paare (25-49 J.)	10
Familien mit Kindern	6
Familien mit Jugendlichen	11
Jungsenioren (50-64J)	5
Ruheständler (65+)	1

Haushaltsnetto-einkommen (DM)	
unter 2.000	4
2.000 - 3.499	7
3.500 - 4.999	6
über 5.000	9

Ortsgröße	
unter 5.000	7
5.000 - 19.999	7
20.000 - 99.999	6
über 100.000	7

Repräsentativbefragung von 3.000 Personen ab 14 Jahren
im Februar 2000 in Deutschland

Fußball-Europameisterschaft
Besucherpotential im Überblick

Von je 100 Befragten wollen „**in diesem Jahr auf jeden Fall Spiele der Fußball-Europameisterschaft besuchen"**:

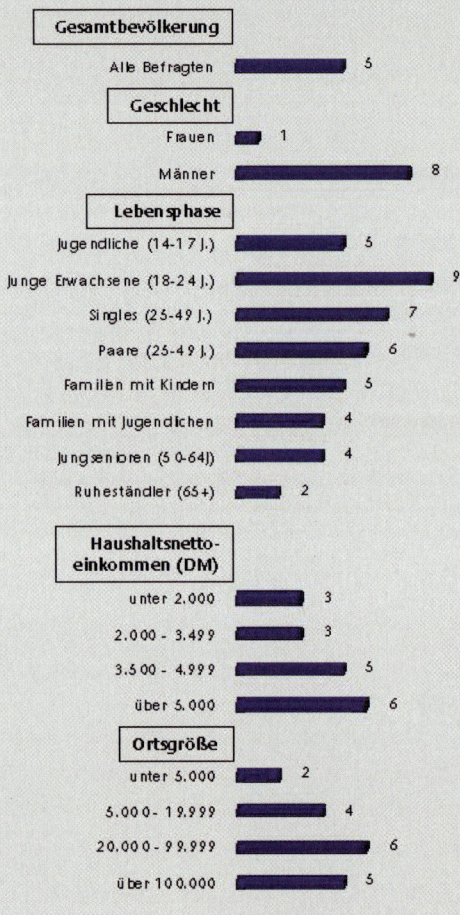

Gesamtbevölkerung
Alle Befragten — 5

Geschlecht
Frauen — 1
Männer — 8

Lebensphase
Jugendliche (14-17 J.) — 5
Junge Erwachsene (18-24 J.) — 9
Singles (25-49 J.) — 7
Paare (25-49 J.) — 6
Familien mit Kindern — 5
Familien mit Jugendlichen — 4
Jungsenioren (50-64J) — 4
Ruheständler (65+) — 2

Haushaltsnetto-einkommen (DM)
unter 2.000 — 3
2.000 - 3.499 — 3
3.500 - 4.999 — 5
über 5.000 — 6

Ortsgröße
unter 5.000 — 2
5.000 - 19.999 — 4
20.000 - 99.999 — 6
über 100.000 — 5

Repräsentativbefragung von 3.000 Personen ab 14 Jahren
im Februar 2000 in Deutschland

Tour de France
Besucherpotential im Überblick

Von je 100 Befragten wollen **„in diesem Jahr auf jeden Fall Rennen der Tour de France besuchen"**:

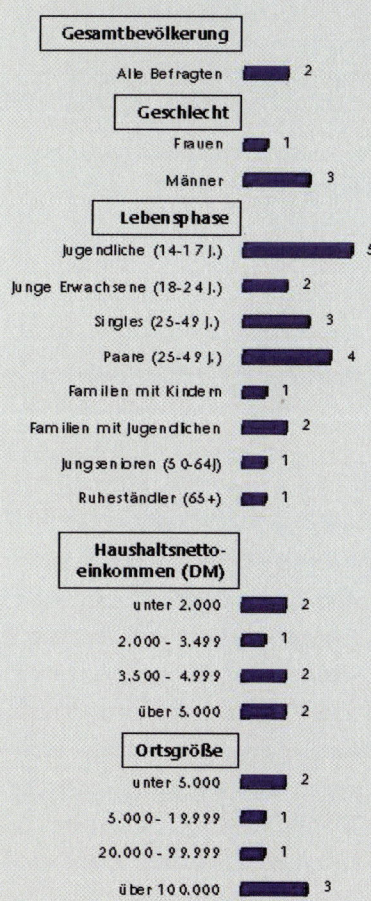

Gesamtbevölkerung	
Alle Befragten	2

Geschlecht	
Frauen	1
Männer	3

Lebensphase	
Jugendliche (14-17 J.)	5
Junge Erwachsene (18-24 J.)	2
Singles (25-49 J.)	3
Paare (25-49 J.)	4
Familien mit Kindern	1
Familien mit Jugendlichen	2
Jungsenioren (50-64 J.)	1
Ruheständler (65+)	1

Haushaltsnetto-einkommen (DM)	
unter 2.000	2
2.000 - 3.499	1
3.500 - 4.999	2
über 5.000	2

Ortsgröße	
unter 5.000	2
5.000 - 19.999	1
20.000 - 99.999	1
über 100.000	3

Repräsentativbefragung von 3.000 Personen ab 14 Jahren
im Februar 2000 in Deutschland

113

Schleswig-Holstein Musikfestival
Besucherpotential im Überblick

Von je 100 Befragten wollen **„in diesem Jahr auf jeden Fall Veranstaltungen des Schleswig-Holstein Musikfestivals besuchen"**:

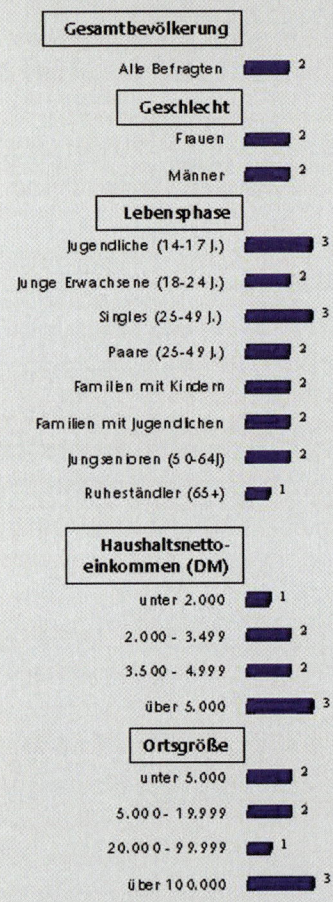

Gesamtbevölkerung

Alle Befragten — 2

Geschlecht

Frauen — 2

Männer — 2

Lebensphase

Jugendliche (14-17 J.) — 3

Junge Erwachsene (18-24 J.) — 2

Singles (25-49 J.) — 3

Paare (25-49 J.) — 2

Familien mit Kindern — 2

Familien mit Jugendlichen — 2

Jungsenioren (50-64) — 2

Ruheständler (65+) — 1

Haushaltsnetto-einkommen (DM)

unter 2.000 — 1

2.000 - 3.499 — 2

3.500 - 4.999 — 2

über 5.000 — 3

Ortsgröße

unter 5.000 — 2

5.000 - 19.999 — 2

20.000 - 99.999 — 1

über 100.000 — 3

Repräsentativbefragung von 3.000 Personen ab 14 Jahren
im Februar 2000 in Deutschland

Love Parade
Besucherpotential im Überblick

Von je 100 Befragten wollen **„in diesem Jahr auf jeden Fall die Love Parade in Berlin besuchen"**:

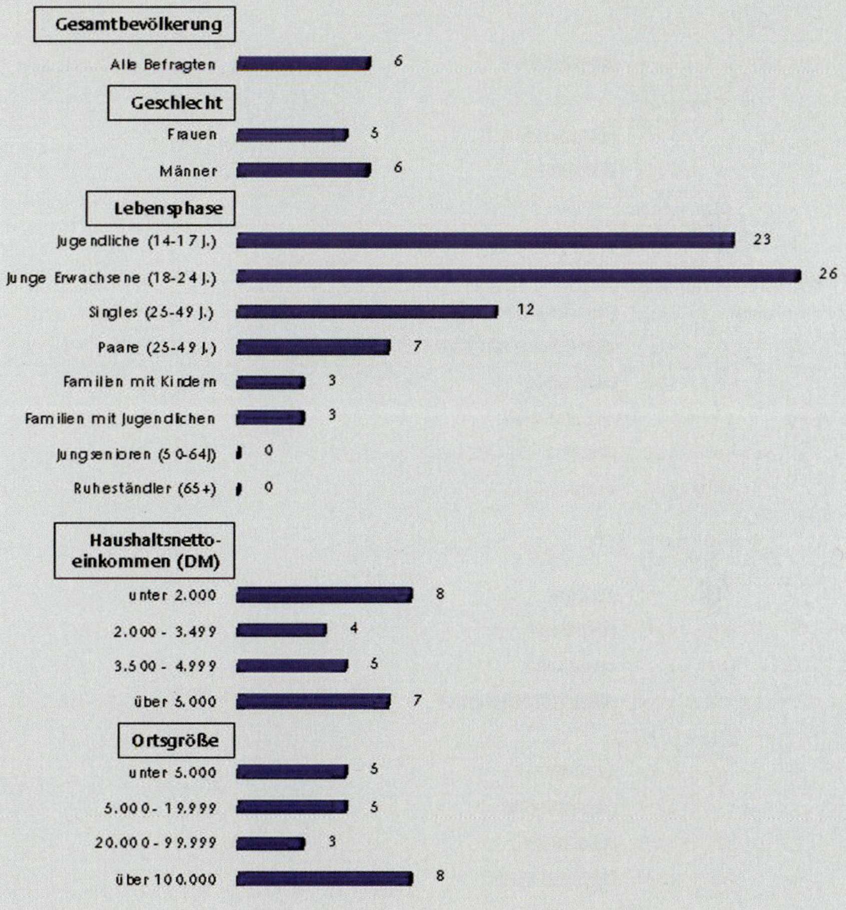

Gesamtbevölkerung

Alle Befragten — 6

Geschlecht

Frauen — 5

Männer — 6

Lebensphase

Jugendliche (14-17 J.) — 23

Junge Erwachsene (18-24 J.) — 26

Singles (25-49 J.) — 12

Paare (25-49 J.) — 7

Familien mit Kindern — 3

Familien mit Jugendlichen — 3

Jungsenioren (50-64 J) — 0

Ruheständler (65+) — 0

Haushaltsnetto-einkommen (DM)

unter 2.000 — 8

2.000 - 3.499 — 4

3.500 - 4.999 — 5

über 5.000 — 7

Ortsgröße

unter 5.000 — 5

5.000 - 19.999 — 5

20.000 - 99.999 — 3

über 100.000 — 8

Repräsentativbefragung von 3.000 Personen ab 14 Jahren
im Februar 2000 in Deutschland

Karneval
Besucherpotential im Überblick

Von je 100 Befragten wollen „**in diesem Jahr auf jeden Fall den Karneval in Köln, Düsseldorf oder Mainz besuchen**":

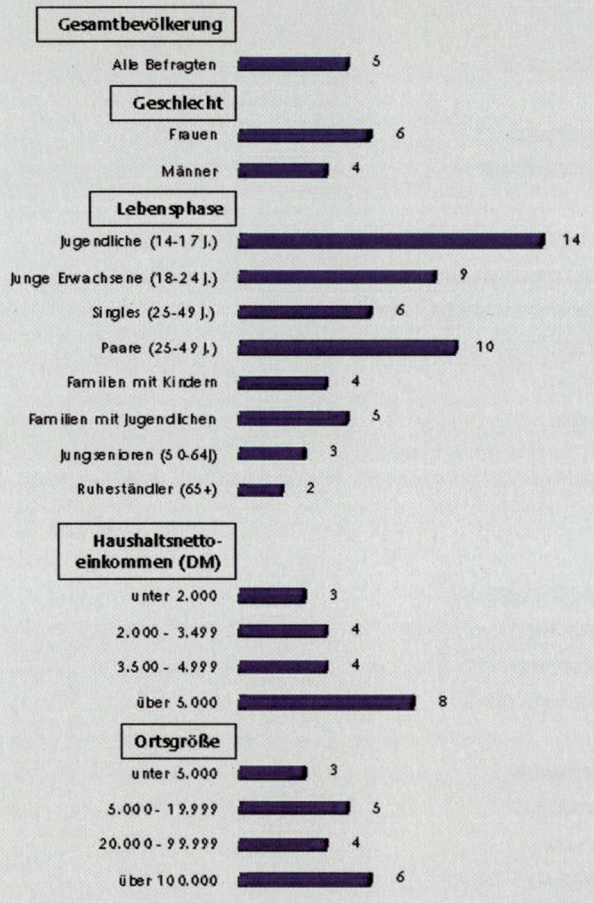

Gesamtbevölkerung	
Alle Befragten	5

Geschlecht	
Frauen	6
Männer	4

Lebensphase	
Jugendliche (14-17 J.)	14
Junge Erwachsene (18-24 J.)	9
Singles (25-49 J.)	6
Paare (25-49 J.)	10
Familien mit Kindern	4
Familien mit Jugendlichen	5
Jungsenioren (50-64J)	3
Ruheständler (65+)	2

Haushaltsnetto-einkommen (DM)	
unter 2.000	3
2.000 - 3.499	4
3.500 - 4.999	4
über 5.000	8

Ortsgröße	
unter 5.000	3
5.000 - 19.999	5
20.000 - 99.999	4
über 100.000	6

Repräsentativbefragung von 3.000 Personen ab 14 Jahren
im Februar 2000 in Deutschland

Boxevents
Besucherpotential im Überblick

Von je 100 Befragten wollen **„in diesem Jahr auf jeden Fall Boxevents besuchen"**:

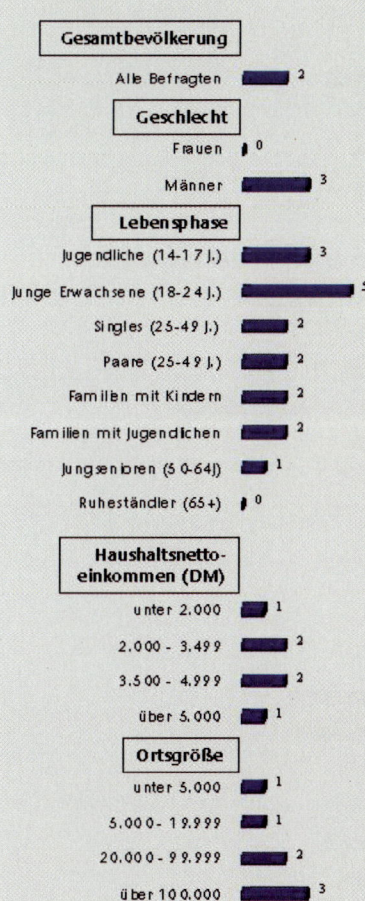

Gesamtbevölkerung	
Alle Befragten	2
Geschlecht	
Frauen	0
Männer	3
Lebensphase	
Jugendliche (14-17 J.)	3
Junge Erwachsene (18-24 J.)	5
Singles (25-49 J.)	2
Paare (25-49 J.)	2
Familien mit Kindern	2
Familien mit Jugendlichen	2
Jungsenioren (50-64J)	1
Ruheständler (65+)	0
Haushaltsnetto-einkommen (DM)	
unter 2.000	1
2.000 - 3.499	2
3.500 - 4.999	2
über 5.000	1
Ortsgröße	
unter 5.000	1
5.000 - 19.999	1
20.000 - 99.999	2
über 100.000	3

Repräsentativbefragung von 3.000 Personen ab 14 Jahren
im Februar 2000 in Deutschland

Freizeit-/ Erlebnisparks
Besucherstruktur im Überblick

Von je 100 Befragten haben **„in den letzten Jahren einen Freizeit-/ Erlebnispark besucht"**:

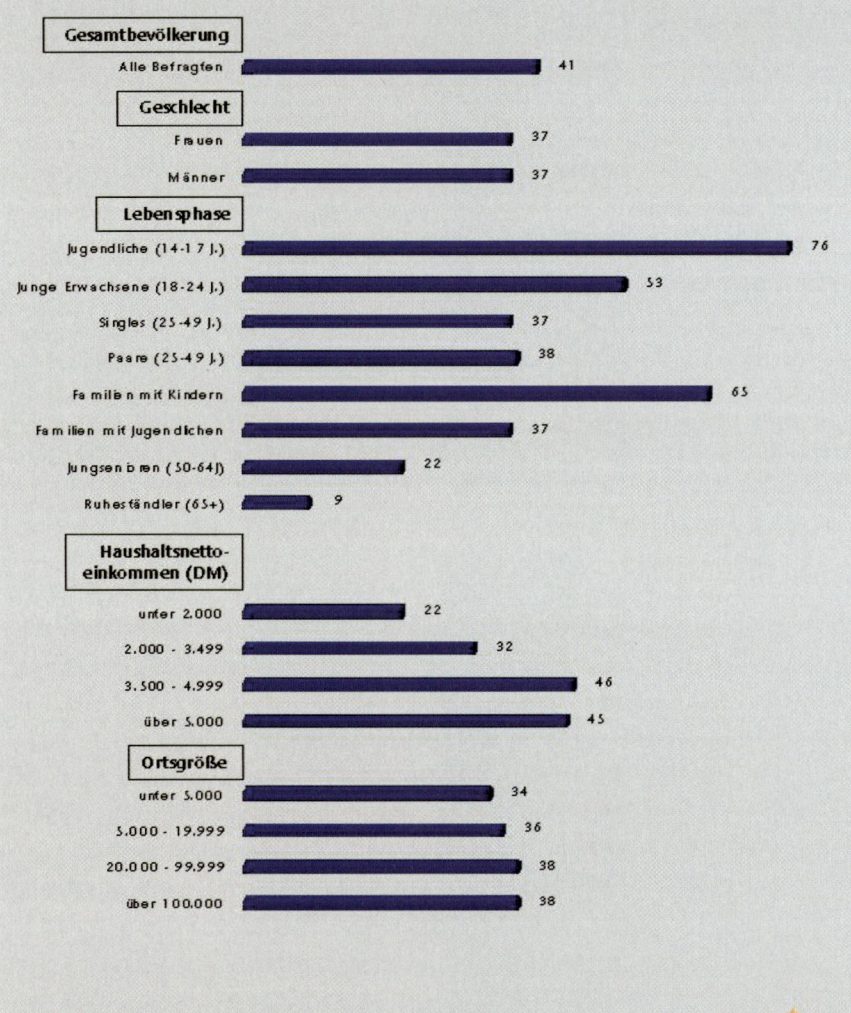

Gesamtbevölkerung	
Alle Befragten	41

Geschlecht	
Frauen	37
Männer	37

Lebensphase	
Jugendliche (14-17 J.)	76
Junge Erwachsene (18-24 J.)	53
Singles (25-49 J.)	37
Paare (25-49 J.)	38
Familien mit Kindern	65
Familien mit Jugendlichen	37
Jungsenioren (50-64 J)	22
Ruheständler (65+)	9

Haushaltsnetto- einkommen (DM)	
unter 2.000	22
2.000 - 3.499	32
3.500 - 4.999	46
über 5.000	45

Ortsgröße	
unter 5.000	34
5.000 - 19.999	36
20.000 - 99.999	38
über 100.000	38

Repräsentativbefragung von 3.000 Personen ab 14 Jahren
im Februar 2000 in Deutschland

Großkino/Multiplex
Besucherstruktur im Überblick

Von je 100 Befragten haben **„in den letzten Jahren ein Großkino/Multiplex besucht":**

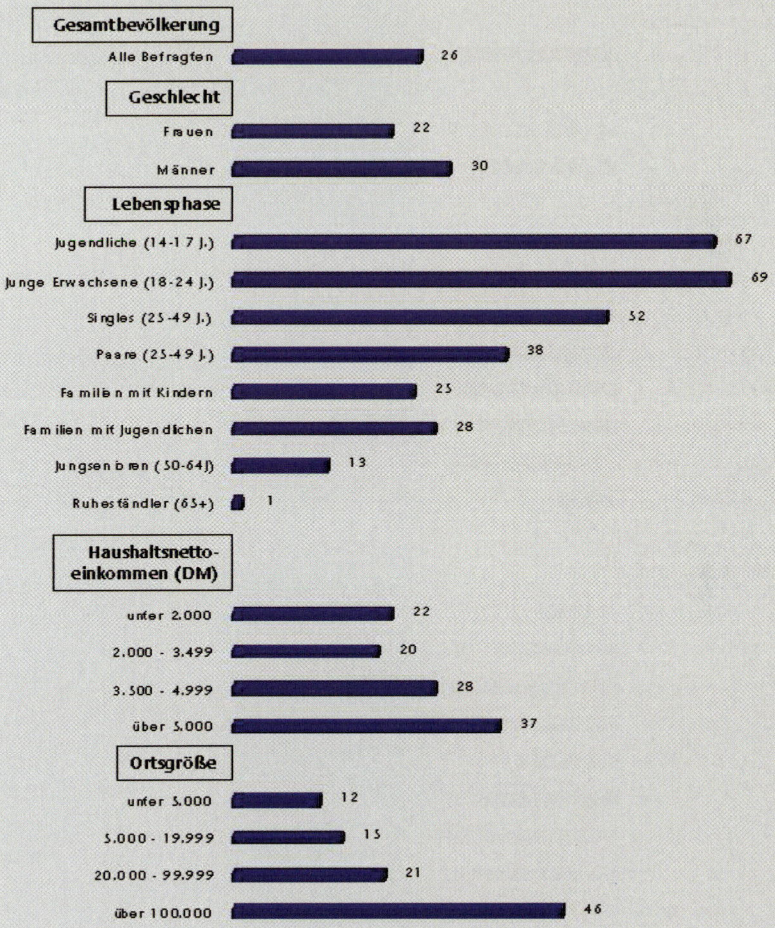

Gesamtbevölkerung
Alle Befragten	26

Geschlecht
Frauen	22
Männer	30

Lebensphase
Jugendliche (14-17 J.)	67
Junge Erwachsene (18-24 J.)	69
Singles (25-49 J.)	52
Paare (25-49 J.)	38
Familien mit Kindern	25
Familien mit Jugendlichen	28
Jungsenioren (50-64 J)	13
Ruheständler (65+)	1

Haushaltsnetto-einkommen (DM)
unter 2.000	22
2.000 - 3.499	20
3.500 - 4.999	28
über 5.000	37

Ortsgröße
unter 5.000	12
5.000 - 19.999	15
20.000 - 99.999	21
über 100.000	46

Repräsentativbefragung von 3.000 Personen ab 14 Jahren
im Februar 2000 in Deutschland

Musical
Besucherstruktur im Überblick

Von je 100 Befragten haben „**in den letzten Jahren ein Musical besucht**":

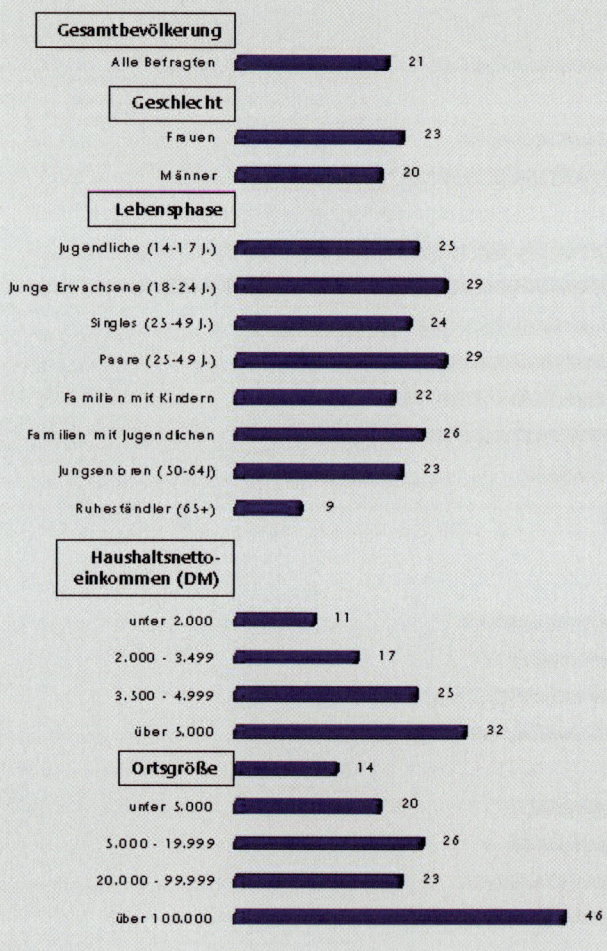

Gesamtbevölkerung	
Alle Befragten	21
Geschlecht	
Frauen	23
Männer	20
Lebensphase	
Jugendliche (14-17 J.)	25
Junge Erwachsene (18-24 J.)	29
Singles (25-49 J.)	24
Paare (25-49 J.)	29
Familien mit Kindern	22
Familien mit Jugendlichen	26
Jungsenioren (50-64 J)	23
Ruheständler (65+)	9
Haushaltsnetto-einkommen (DM)	
unter 2.000	11
2.000 - 3.499	17
3.500 - 4.999	25
über 5.000	32
Ortsgröße	14
unter 5.000	20
5.000 - 19.999	26
20.000 - 99.999	23
über 100.000	46

Repräsentativbefragung von 3.000 Personen ab 14 Jahren
im Februar 2000 in Deutschland

Open-Air-Event
Besucherstruktur im Überblick

Von je 100 Befragten haben **„in den letzten Jahren ein Open-Air-Event besucht"**:

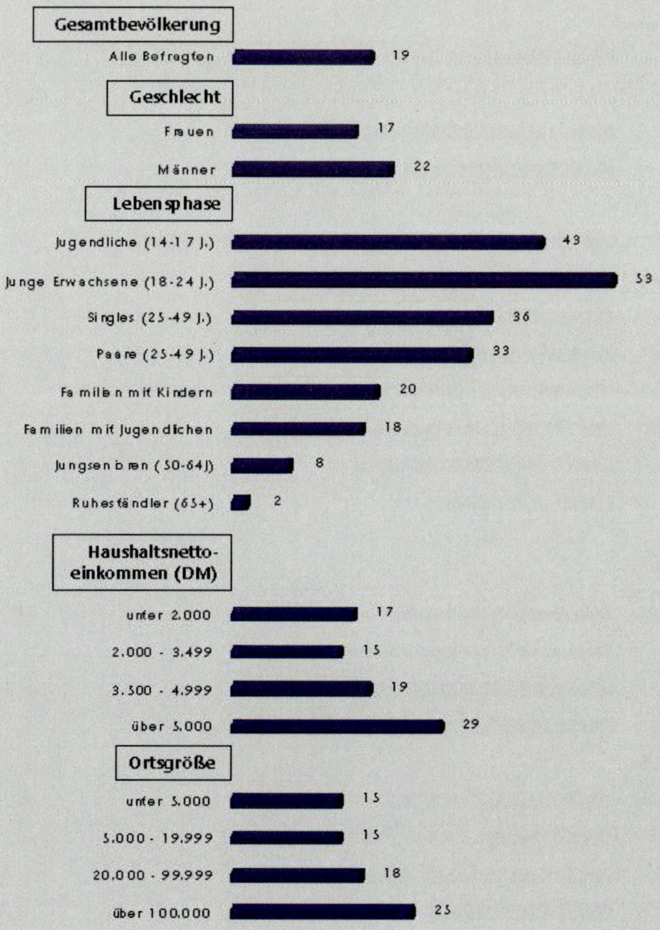

Gesamtbevölkerung

Alle Befragten	19

Geschlecht

Frauen	17
Männer	22

Lebensphase

Jugendliche (14-17 J.)	43
Junge Erwachsene (18-24 J.)	53
Singles (25-49 J.)	36
Paare (25-49 J.)	33
Familien mit Kindern	20
Familien mit Jugendlichen	18
Jungsenioren (50-64 J.)	8
Ruheständler (65+)	2

Haushaltsnetto-einkommen (DM)

unter 2.000	17
2.000 - 3.499	15
3.500 - 4.999	19
über 5.000	29

Ortsgröße

unter 5.000	15
5.000 - 19.999	15
20.000 - 99.999	18
über 100.000	25

Repräsentativbefragung von 3.000 Personen ab 14 Jahren
im Februar 2000 in Deutschland

Tierpark/Zoo
Besucherstruktur im Überblick

Von je 100 Befragten haben **„in den letzten Jahren einen Tierpark/Zoo besucht"**:

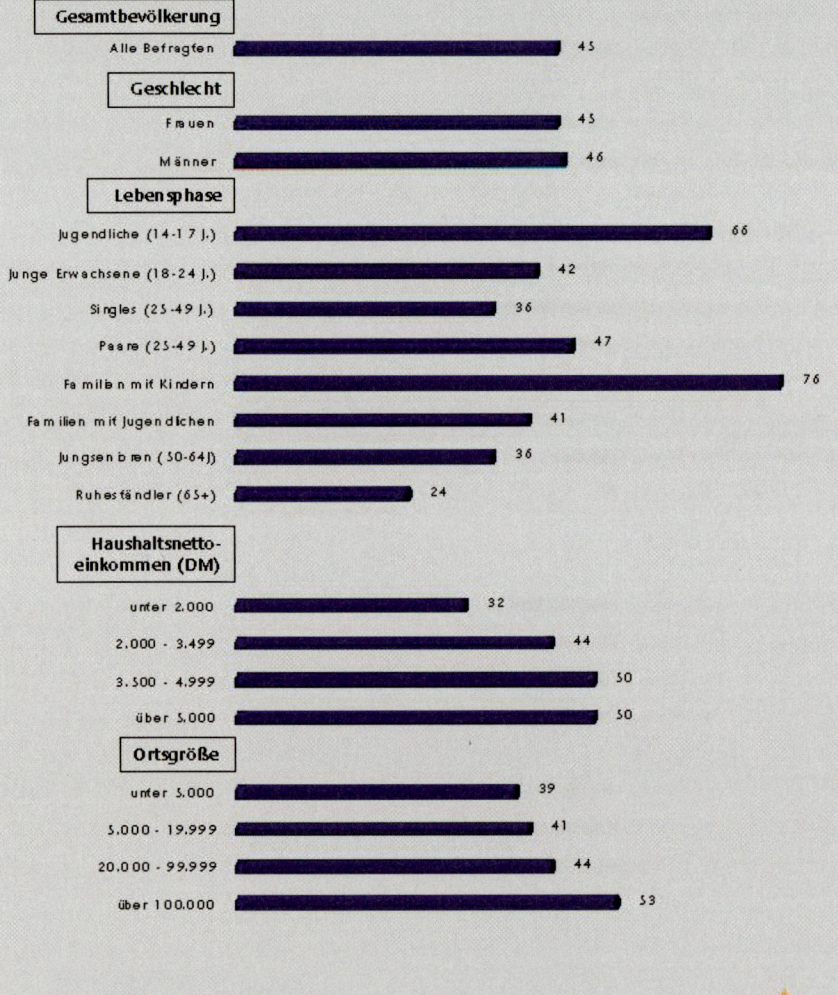

Gesamtbevölkerung	
Alle Befragten	45
Geschlecht	
Frauen	45
Männer	46
Lebensphase	
Jugendliche (14-17 J.)	66
Junge Erwachsene (18-24 J.)	42
Singles (25-49 J.)	36
Paare (25-49 J.)	47
Familien mit Kindern	76
Familien mit Jugendlichen	41
Jungsenioren (50-64 J)	36
Ruheständler (65+)	24
Haushaltsnetto-einkommen (DM)	
unter 2.000	32
2.000 - 3.499	44
3.500 - 4.999	50
über 5.000	50
Ortsgröße	
unter 5.000	39
5.000 - 19.999	41
20.000 - 99.999	44
über 100.000	53

Repräsentativbefragung von 3.000 Personen ab 14 Jahren
im Februar 2000 in Deutschland

Erlebnisbadelandschaft
Besucherstruktur im Überblick

Von je 100 Befragten haben **„in den letzten Jahren eine Erlebnisbadelandschaft besucht"**:

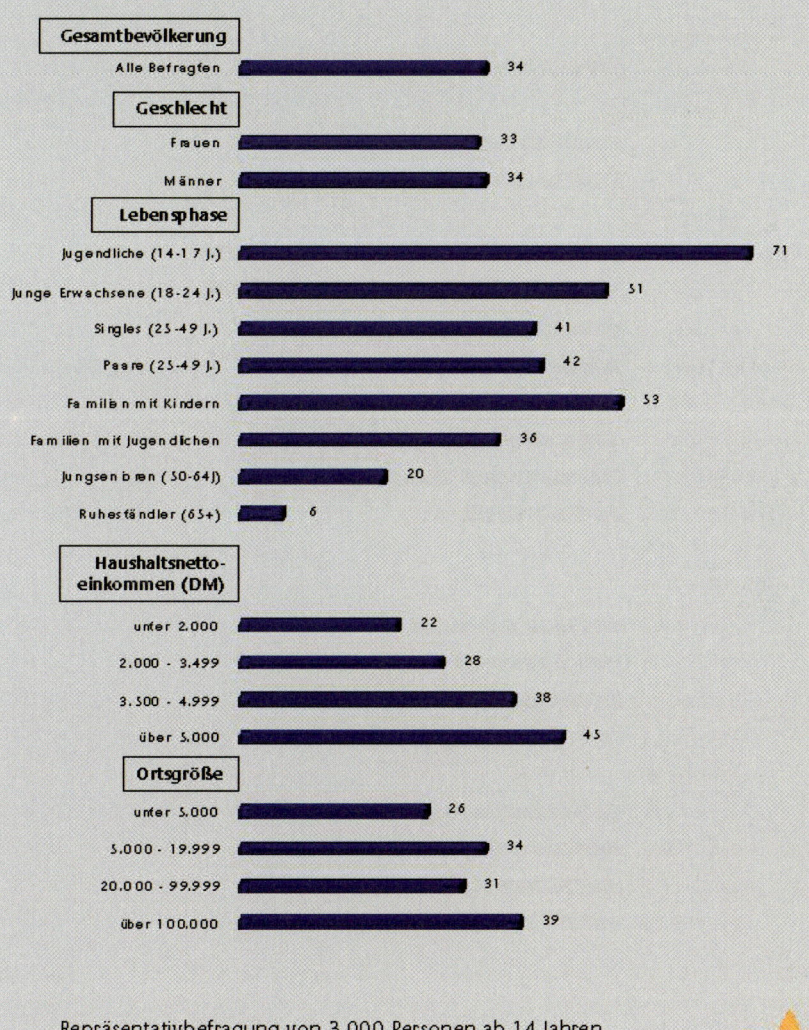

Gesamtbevölkerung	
Alle Befragten	34
Geschlecht	
Frauen	33
Männer	34
Lebensphase	
Jugendliche (14-17 J.)	71
Junge Erwachsene (18-24 J.)	51
Singles (25-49 J.)	41
Paare (25-49 J.)	42
Familien mit Kindern	53
Familien mit Jugendlichen	36
Jungsenioren (50-64 J)	20
Ruheständler (65+)	6
Haushaltsnetto-einkommen (DM)	
unter 2.000	22
2.000 - 3.499	28
3.500 - 4.999	38
über 5.000	45
Ortsgröße	
unter 5.000	26
5.000 - 19.999	34
20.000 - 99.999	31
über 100.000	39

Repräsentativbefragung von 3.000 Personen ab 14 Jahren
im Februar 2000 in Deutschland

123

Erlebniseinkaufscenter
Besucherstruktur im Überblick

Von je 100 Befragten haben **„in den letzten Jahren ein Erlebniseinkaufscenter besucht"**:

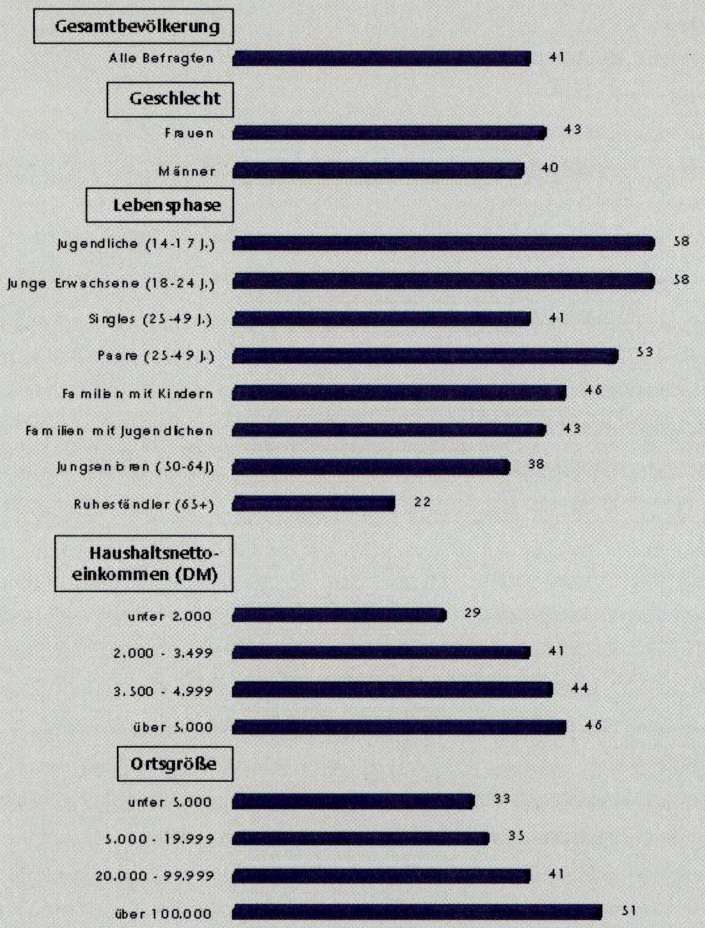

Gesamtbevölkerung

| Alle Befragten | 41 |

Geschlecht

| Frauen | 43 |
| Männer | 40 |

Lebensphase

Jugendliche (14-17 J.)	58
Junge Erwachsene (18-24 J.)	58
Singles (25-49 J.)	41
Paare (25-49 J.)	53
Familien mit Kindern	46
Familien mit Jugendlichen	43
Jungsenioren (50-64 J.)	38
Ruheständler (65+)	22

Haushaltsnetto-einkommen (DM)

unter 2.000	29
2.000 - 3.499	41
3.500 - 4.999	44
über 5.000	46

Ortsgröße

unter 5.000	33
5.000 - 19.999	35
20.000 - 99.999	41
über 100.000	51

Repräsentativbefragung von 3.000 Personen ab 14 Jahren
im Februar 2000 in Deutschland

GRUNDLAGENLITERATUR

Allensbach, Institut für Demoskopie: Die jungen Städter (Untersuchung im Auftrag des Jahreszeitenverlags), Hamburg 1992

Bartetzko, D.: Zurück in den Mythos? Postmodernes Bauen zwischen Mythen-Sucht und Mythen-Deutung. In: H. Schrödter (Hrsg.): Die neomythische Kehre. Aktuelle Zugänge zum Mythischen in Wissenschaft und Kunst, Würzburg 1991

B.A.T Freizeit-Forschungsinstitut (Hrsg.): Events im Tourismus. Sport-, Kultur- und Städtereisen, Hamburg 1997

– Umwelt, Mobilität und Tourismus, Hamburg 1998

Bellebaum, A. (Hrsg.): Glück und Zufriedenheit, Opladen 1992

Bensberger Protokolle 79: Freizeit- und Tourismuspastoral in der Erlebnisgesellschaft, Bensberg 1999

Bensberger Protokolle 90: Musicals und urbane Entertainmentkonzepte, Bensberg 1999

Bormann, R.: Spaß ohne Grenzen. In: Sociologia Internationalis 36/1 (1998)

Braun, A.: Als Unternehmer vom grauen Erzeuger zum bunten Erzähler... In: Integra 4 (1999), S. 30–31

Bruhn, M.: Kommunikationspolitik, München 1997

Cohen, E.: Authenticity and commoditization in tourism. In: Annals of Tourism Research 15 (1988), S. 371–386

Csikszentmihalyi, M.: Das Flow-Erlebnis, 2. Aufl., Stuttgart 1987

– Flow. Das Geheimnis des Glücks, Stuttgart 1992

Dann, H.-D.: Subjektive Theorien zum Wohlbefinden. In: A. Abele/P. Becker (Hrsg.): Wohlbefinden, Weinheim-München 1991, S. 97-117

Drolshagen,E.: Echte Kunstwelten. In: Frankfurter Allgemeine Zeitung vom 11. Juli 1996

Engell, L.: Von Goethes Gartenhaus zu McGoethe. In: Vernissage Nr. 5, Weimar 1999, S. 14–21

Enzensberger, H. M.: Bewußtseins-Industrie. In: Ders.: Einzelheiten, Frankfurt/M. 1962, S. 7–15

Franck, J.: Erlebnis- und Konsumwelten: Entertainment Center und kombinierte Freizeit-Einkaufs-Center. In: A. Steinecke: Erlebnis- und Konsumwelten, München-Wien 2000, S. 28–43

GRUNDLAGENLITERATUR

Freyer, W.: Marketingstrategien gegen den Erlebnistrend? In: Erlebnisurlaub ja oder nein? Freizeitwelten pro und contra! Hrsg. v. Messe München/CBR, München 1998, S. 7–9

– (Hrsg., u. a.): Events – Wachstumsmarkt im Tourismus?, Dresden 1998

Greshake, G.: Glück und Heil. In: Christlicher Glaube in moderner Gesellschaft, Bd. 9, Freiburg 1981

Gronemeyer, R.: Alle Menschen bleiben Kinder, Düsseldorf-München 1996

Haufe, E.: Goethes Gartenhaus gestern und heute. In: Vernissage Nr. 5, Weimar 1999, S. 6–13

Hennig, Chr.: Post-Tourismus? Künstliche Ferienwelten und Authentizität. In: Ders.: Reiselust, Frankfurt/M.-Leipzig 1997, S. 165–182

– Inszenierte Freizeitparadiese – Beispiele einer neuen Welt. In: Erlebnisurlaub ja oder nein? Freizeitwelten pro und contra! Hrsg. v. Messe München/CBR, München 1998, S. 16–20

– Erlebnis- und Konsumwelten: Steuerungsfaktoren – Akteure – Planung. In: A. Steinecke (Hrsg.): Erlebnis- und Konsumwelten, München-Wien 2000, S. 55–75

Hennings, G./S. Müller (Hrsg.): Kunstwelten. Künstliche Erlebniswelten und Planung (Dortmunder Beiträge zur Raumplanung 85), Dortmund 1998

Höhn, H.-J.: GegenMythen. Religionsproduktive Tendenzen der Gegenwart, 3. Aufl., Freiburg-Basel-Wien 1996

Hoffmann, R.: Erleben von Glück – eine empirische Untersuchung. In: Psychologische Beiträge 26 (1984), S. 516–532

Hossenfelder, M.: Philosophie als Lehre vom glücklichen Leben. In: A. Bellebaum (Hrsg.): Glück und Zufriedenheit, Opladen 1992, S. 13–31

Huxley, A.: Schöne neue Welt. Ein Roman der Zukunft („Brave New World", 1931/32), Frankfurt/M. 1981

– Wiedersehen mit der Schönen neuen Welt, München 1960

Inden, Th.: Alles Event? Erfolg durch Erlebnismarketing, Landsberg a. L. 1993

ILS/Institut für Landes- und Stadtentwicklungsforschung des Landes Nordrhein-Westfalen (Hrsg.): Großflächige Freizeiteinrichtungen im Freiraum. Freizeitparks und Ferienzentren (ILS-Schriften Nr. 75), Dortmund 1993

Integra/Institut für Integrativen Tourismus und Freizeitforschung (Hrsg.): Von Abenteuern und Erlebniswelten 4 (1999)

Joye, Ch.: Shopping Center-Entwicklung in Europa. Jahr 2000 Stand und Zukunftsaussichten. Hrsg. v. ICSC/International Council of Shopping Centers, London 2000

Kagelmann, H. J.: Themenparks. In: H.Hahn/H.J. Kagelmann (Hrsg.): Tourismuspsychologie und Tourismussoziologie, München 1993, S. 407–415

– Erlebnis, Thrill und Event – eine Bestandsaufnahme. In: Integra 4 (1999), S. 8–15

Kamphausen, G.: Recht auf Glück? In: Bellebaum (Hrsg.): Glück und Zufriedenheit, Opladen 1992, S. 86–101

Karasek, H.: Das Angebot der Kulturindustrie. In: H.W. Opaschowski (Hrsg.): Freizeitpädagogik in der Leistungsgesellschaft, 2. Aufl., Bad Heilbrunn 1973, S. 40–47

Kreft, M.: Erlebnisorientierte Freizeitwelten als erfolgreiche touristische Konzepte für die Region. In: Erlebnisurlaub ja oder nein? Freizeitwelten pro und contra! Hrsg. v. Messe München/CBR, München 1998, S. 21–26

– Europa-Park – von der Unternehmervision zum Marktführer. In: A. Steinecke (Hrsg.): Erlebnis- und Konsumwelten, München-Wien 2000, S. 131–144

Lang, B.: Die christliche Verheißung: Ewige Glückseligkeit nach dem Tod. In: A. Bellebaum (Hrsg.): Glück und Zufriedenheit, Opladen 1992

Mac Cannell, D.: Staged Authenticity: Arrangements of Social Space in Tourist Settings. In: American Journal of Sociology 79 (1979), S. 589–603

Metz, J. B.: Glaube in Geschichte und Gesellschaft, 5. Aufl., Mainz 1992

Moore, A.: Walt Disney World: Bounded Ritual Space and the Playful Pilgrimage Center. In: Anthropological Quarterly 53 (1980), S. 207–218

Müller-Schneider, Th.: Die Erlebnisgesellschaft – der kollektive Weg ins Glück? In: Aus Politik und Zeitgeschichte B 12 (17. März 2000), S. 24–30

Nahrstedt, W.: Freizeitparks pro und contra. In: Animation 8 (1982), S. 276 ff.

Nickel, O. (Hrsg.): Eventmarketing. Grundlagen und Erfolgsbeispiele, München 1998

Nobel-Sagolla, S.: Der Zoo Hannover wurde zum Erlebnispark. In: Süddeutsche Zeitung vom 14. April 1998, S. 27

Oldenbürger, H.A.: Lehrerkognitionen über Schülereigenschaften. In: Unterrichtswissenschaft 15 (1987), S. 261–273

Opaschowski, H.W.: Freizeitzentren für alle (Band 3 der B.A.T Schriftenreihe zur Freizeitforschung), Hamburg 1981

– Wunschlos unglücklich. In: INNOVATIO 172 (1989), S. 23–24

– Schöne neue Freizeitwelt? (B.A.T Projektstudie), Hamburg 1994

– Freizeitökonomie. Marketing von Erlebniswelten, 2. Aufl., Opladen 1995

– Erlebniswelt Phantasie. Attraktion und Perfektion künstlicher Freizeitwelten. In: Ders.: Freizeitökonomie. Marketing von Erlebniswelten, 2. Aufl., Opladen 1995, S. 271–276

– „Wir schaffen Glückseligkeit!" Anspruch und Wirklichkeit künstlicher Freizeit- und Ferienwelten. In: Thomas-Morus-Akademie (Hrsg.): Kathedralen der Freizeitgesellschaft, Bensberg 1995, S. 11–34

– Kathedralen und Ikonen des 21. Jahrhunderts: Zur Faszination von Erlebniswelten. In: A. Steinecke (Hrsg.): Erlebnis- und Konsumwelten, München-Wien 2000, S. 44–54

– Jugend im Zeitalter der Eventkultur. In: Aus Politik und Zeitgeschichte B 12 (17. März 2000), S. 17–23

OPR/Forschungsgruppe Opaschowski/Pries/Reinhardt an der Universität Hamburg: Themenpark-Befragung 98 i. A. des VDWH/Verband Deutscher Wohnwagen- und Wohnmobil-Hersteller e.V., Hamburg 1998

Pearce, P. L.: The Ulysses factor. Evaluation visitors in tourist settings, New York 1988

Popcorn, F.: Der Popcorn-Report. Trends für die Zukunft, München 1992

Quack, H.-D.: Die Inszenierung der Innenstadt: Das CentrO in der Neuen Mitte Oberhausen. In: A. Steinecke (Hrsg.): Erlebnis- und Konsumwelten, München-Wien 2000, S. 186–199

Rang, M.: Einleitung. In: Ders. (Hrsg.): J.-J. Rousseau: Emile oder über die Erziehung, Stuttgart 1965, S. 5–96

Rieder, M. (Hrsg., u. a.): ErlebnisWelten. Zur Kommerzialisierung der Emotionen in touristischen Räumen und Landschaften, München-Wien 1998

GRUNDLAGENLITERATUR

Romeiß-Stracke, F.: Urban Entertainment Center um jeden Preis? In: Erlebnisurlaub ja oder nein? Freizeitwelten pro und contra! Hrsg. v. Messe München/CBR, München 1998, S. 27–31

– Erlebnis- und Konsumwelten: Herausforderungen für die Innenstädte. In: A. Steinecke (Hrsg.): Erlebnis- und Konsumwelten, München-Wien 2000, S. 76–83

Rousseau, J.-J.: Brief an Mme de Francueil (1751). In: Rang, a. a. O., S. 26–29

– Emil oder über die Erziehung (1762), 3. Aufl., Paderborn 1975

Scherrieb, H.R.: Freizeit-und Erlebnisparks in der Bundesrepublik Deutschland und in den Nachbarländern. In: AIEST (Hrsg.): Tagesausflugsverkehr und seine Auswirkungen, St. Gallen 1988, S. 85–107

– Systematischer Illusionsaufbau und Besuchersteuerung in Freizeit- und Erlebnisparks. In: AIEST (Hrsg.): Tagesausflugsverkehr und seine Auswirkungen, St. Gallen 1988, S. 109–131

– Freizeitparks und Freizeitzentren – Ziele und Aufgaben als touristischer Leistungsträger. In: G. Haedrich (Hrsg. u. a.): Tourismus-Management, Berlin-New York 1993, S. 601–618

– Der Gast im Mittelpunkt der Unternehmenspolitik. In: Amusement T & M 4 (1997), S. 25–30

– Freizeit- und Erlebnisparks in Deutschland. Geschichte – Betriebsarten – Rahmendaten, 4. Fassung des VDFU, Würzburg 1998

Schilson, A.: Musicals als Kult. Neue Verpackung religiöser Symbolik. In: Bensberger Protokolle 90: Musicals und urbane Entertainmentkonzepte, Bensberg 1999, S. 25–54

– Inszeniertes Glück? In: Bensberger Protokolle 79: Freizeit- und Tourismuspastoral in der Erlebnisgesellschaft, Bensberg 1999, S. 19–40

Schulze, G.: Die Erlebnisgesellschaft. Kultursoziologie der Gegenwart, Frankfurt/M.-New York 1992

– Entgrenzung und Innenorientierung. Eine Einführung in die Theorie der Erlebnisgesellschaft. In: Gegenwartskunde 42/4 (1993), S. 405–419

– Kulissen des Glücks. Streifzüge durch die Eventkultur, Frankfurt/M.-New York 1999

– Was wird aus der Erlebnisgesellschaft? In: Aus Politik und Zeitgeschichte B 12 (17. März 2000), S. 3–6

Seitz, E.: Trends und Entwicklungen bei inszenierten Ferienwelten. In: Erlebnisurlaub ja oder nein? Freizeitwelten pro und contra! Hrsg. v. Messe München/CBR, München 1998, S. 7–9

Steinecke, A.: Das Reise- und Urlaubsverhalten der Deutschen und der Trend zum Erlebnisurlaub. In: Erlebnisurlaub ja oder nein? Freizeitwelten pro und contra! Hrsg. v. Messe München/CBR, München 1998, S. 10–15

– *(Hrsg.):* Erlebnis- und Konsumwelten, München-Wien 2000

Storp, F.: The Smell of Cyberspace oder wie riecht die Zukunft. In: Integra 4 (1999), S. 27–29

Strasser, H./A. Graf: Schmidteinander ins 21. Jahrhundert: Auf dem Weg in die Spaß- und Spottgesellschaft? In: Aus Politik und Zeitgeschichte B 12 (17. März 2000), S. 7–16

Temmen, B. (u. a.): Märchenwelt und Achterbahn. Freizeitparks im Land Nordrhein-Westfalen. In: ILS Schriften Nr. 75 (1993), S. 73–117

Weibel, P.: Digitale Doubles: Von der Kopie zum Klon. In: Vernissage Nr. 5, Weimar 1999, S. 22–31

Westdeutsche Immobilien Holding (Hrsg.): Der Freizeitmarkt und seine Bedeutung für die Immobilienwirtschaft (Marktbericht III), Düsseldorf 1997

Vester, H.-G.: Authentizität. In: H. Hahn/H. J. Kagelmann (Hrsg.): Tourismuspsychologie und Tourismussoziologie, München 1993, S. 122–124

Zola, E.: Paradies der Damen (Übers. V. Hilda Westphal), München 1976.

BILDNACHWEIS

TITEL

Bilderberg (Inside Hotel Luxor, Las Vegas, Nevada)

INHALT

MEV (St. Paul's Kathedrale, London, Großbritannien)

Alstertal Einkaufszentrum Hamburg

Foto: AUTOSTADT /Fritzsche (Autostadt Wolfsburg, Modell)

Credit Las Vegas News Bureau (Las Vegas, LU Strip)

Mysteries of the World, Erlebnis- und Bildungspark (Interlaken, Schweiz)

VORWORT

Seite 8:

1) MEV (St. Paul's Kathedrale, London, Großbritannien)

2) City Point Braunschweig

KAPITEL I

Seite 13: Maik Schuck, Weimar (Kopie von Goethes Gartenhaus im Park an der Ilm)

Seite 17: Disney's „Der Glöckner von Notre Dame"

Seite 21: MEV (Ostsee-Therme Scharbeutz)

KAPITEL II

Seite 25: Foto: AUTOSTADT/Fritzsche (Autostadt Wolfsburg, Modell)

Seite 27: E. Herlet (Love Parade Berlin)

Seite 28: Hockenheimring GmbH

Seite 30: MEV (Seefestspiele, Bregenz, Österreich)

BILDNACHWEIS

KAPITEL III

Seite 34: Zoo Hannover (Elefantenhaus)

Seite 36: Europa-Park Rust (Arena)

Seite 37: Credit Las Vegas News Bureau (Venetian)

Seite 40: Planten un Blomen Hamburg (der Japanische Garten)

Seite 41: Europa-Park Rust (El Andaluz)

Seite 46: Ludwig Musical AG und Co. Betriebs-KG (Musical „König Ludwig II")

Seite 50: Alstertal Einkaufszentrum Hamburg

Seite 55: Europa-Park Rust (Achterbahn)

Seite 58: Credit Las Vegas News Bureau (Las Vegas, LU Strip)

Seite 63: Stella AG (Musical „Das Phantom der Oper")

KAPITEL IV

Seite 73: MEV (Atomium, Brüssel, Belgien)

Seite 76: MEV (Eiffelturm, Paris, Frankreich)

Seite 81: EXPO Hannover, Pressearchiv (Pavillon der Duales System Deutschland AG)

Seite 83: EXPO Hannover, Pressearchiv (Pavillon von Bertelsmann)

Seite 87: EXPO Hannover, Pressearchiv (Szenenfoto „Faust")

Seite 90: Mysteries of the World, Erlebnis- und Bildungspark (Interlaken, Schweiz)

KAPITEL V

Seite 94: Archiv für Kunst und Geschichte Berlin (Jan Brueghel der Ältere, „Das irdische Paradies", 1607)

Seite 97: Credit Las Vegas News Bureau (Luxor)

Seite 99: Archiv für Kunst und Geschichte Berlin (Augustinus, Bild eines unbekannten Künstlers, alpenländisch, um 1470)

Seite 101: Bilderberg (Inside Hotel Luxor, Las Vegas, Nevada)

Seite 104: Kunsthistorisches Museum Wien, Österreich (Pieter Brueghel der Ältere, „Turmbau zu Babel", 1563)